本书为陕西理工大学汉语国际教育专业省级一流本科专业建设点阶段性成果。

2020年度陕西理工大学人才启动项目小川环树的中国文学研究（SLGRCQD2036），陕西省哲学社会科学重大理论与现实问题研究项目小川环树的中国古典文学阐释研究（2022ND0153）阶段性成果。

# 中国文化在海外的传播与影响

梁雨 著

中国社会科学出版社

**图书在版编目(CIP)数据**

中国文化在海外的传播与影响/梁雨著. —北京：中国社会科学出版社，2023.8

ISBN 978-7-5227-2350-1

Ⅰ.①中… Ⅱ.①梁… Ⅲ.①中华文化—文化传播—研究 Ⅳ.①G125

中国国家版本馆CIP数据核字(2023)第159535号

出 版 人 赵剑英
责任编辑 陈肖静
责任校对 周 昊
责任印制 戴 宽

出 版 中国社会科学出版社
社 址 北京鼓楼西大街甲158号
邮 编 100720
网 址 http://www.csspw.cn
发 行 部 010-84083685
门 市 部 010-84029450
经 销 新华书店及其他书店

印 刷 北京明恒达印务有限公司
装 订 廊坊市广阳区广增装订厂
版 次 2023年8月第1版
印 次 2023年8月第1次印刷

开 本 710×1000 1/16
印 张 14.75
插 页 2
字 数 202千字
定 价 86.00元

# 前　言

文化，是人类产生并发展至当代社会，持续积淀和延续下来的宝贵财富。不同民族、不同国家具有不同的文化体系，可以说，文化造就了国家的面貌。在世界各国广泛交流的今天，文化如同国家的“名片”，向世界彰显其自身的魅力。

中国，作为世界四大文明古国中未发生过“文化断层”的国家，具有其他国家无与伦比的悠久历史与文化。上下五千年的华夏文明承载了华夏儿女太多的民族记忆与民族情感，其内涵丰富、包罗万象、历史悠久、源远流长，即使在信息技术成为发展主题的当代社会，中国文化仍然不断展现出旺盛的生命力。

纵观历史，中国传统文化萌芽于原始社会末期，形成于先秦时期，成熟于唐宋时期，兴盛繁荣于明清时期，可见，我国的传统文化具有漫长的发展与演变过程。但是这漫长的历史时期并非孤立、封闭的，按照马克思“事物普遍联系”的观点，任何事物都时刻与其他事物发生着联系并产生影响。所以，我国在历史发展过程中，传统文化体系也在不断与外界发生联系，不断向外界传播并产生广泛影响。例如，公元 7 世纪，玄奘前往印度那烂陀佛寺求取佛法，漫长的留学生涯使玄奘收获了大量印度佛学知识与文化。同时，他也将中国大量灿烂而宝贵的文化传播于东南亚地区。又如，公元 8 世纪中期，鉴真东渡赴日，其主要目的是弘扬佛法，讲授佛学理论，同时也在日本广泛传播中国传统文化。日本大量吸收中国传统文化之精华，使自身医学、建筑学等诸多领域水平得到显著提升。另外，意大利人利玛窦曾于1582年来中国传教。利玛窦不仅收获了部分信徒，博大精深的中国传统文化也令其“入迷”。利玛窦转而将大量中国文化传播到西方，西方社会为之轰动。后来随着各国科学技术不断发展，国与国之间的交流日益密切，我国文化的海外传播越来越广泛，中国传统文化对海外诸国的发展产生了较大的影响。

本书包含七章，分别对我国各个方面的传统文化内容，以及传统文化向海外传播的历程与影响进行较为详细的解读与研究，力求从辩证的视角，对中国传统文化的传播历程进行全面客观的分析。

# 目　录

# 绪　论

## 第一节　文化和文化软实力的概念

### 一　文化的概念

每当谈到“文化”二字，人们会倍感熟悉，人们在日常生活中无时无刻不在与各种各样的文化发生着联系，每个人也无时无刻不处于文化氛围之中。然而，文化到底是什么？或许并非每个人心中都有确定的答案。事实上，“文化”二字虽是当代社会人们交流谈话中常出现的一个词，但其具有十分悠久的历史渊源。

#### （一）文化的渊源

先秦典籍《易经》云：“刚柔交错，天文也；文明以止，人文也。观乎天文，以察时变，观乎人文，以化成天下。”这里出现了“文化”二字，但是此时的“文化”与当代文化在内涵上并非一致。这里的“文化”指“观乎人文，以化成天下”，意思是说，帝王在治国之时，可以通过观察前人诗书礼乐的文明积淀，用来移风易俗而推行教化于天下百姓。可见，起初“文化”一词更像是一个动词，是社会风气的一种动态过程。另外，古时更常见的是“文”与“化”二字的单独使用。

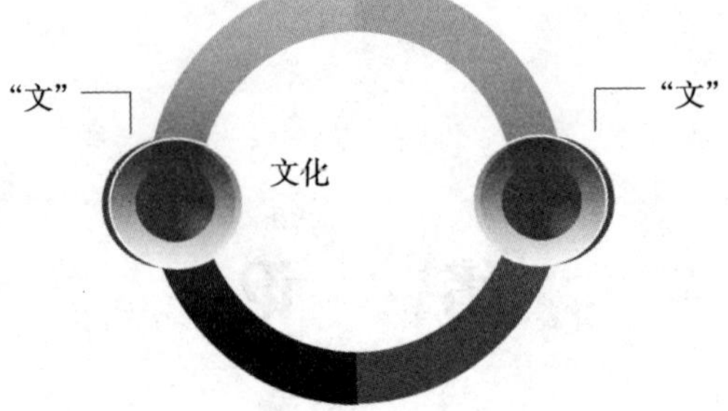


**图 0－1　"文化"**

1. "文"

东汉许慎《说文解字》有云："文，错画也。"此处"文"指的是花纹、文身。后来，伴随传统文字不断发展，"纹"字出现并逐渐代替了"文"的花纹之意，纹与文二字便区分开了。

后来，"文"又被赋予了一些其他的含义，包括"文字""文章""文德""文采""文献""文事"等。例如，《论语·雍也》中有："质胜文则野，文胜质则史。文质彬彬，然后君子。"意为过于质朴不加纹饰，以及过于纹饰，都会走向极端。只有文质兼备，防止过与不及，才能达到君子的境界。

此处的"文"表达的就是加工与修饰之意。可见，孔子期望的理想人格范式是具备恰到好处中庸品格之人。之后，"文"又引申为文字、文武、天文等意。

2. "化"

"化"，始见于甲骨文，本义指变化、变易。根据字形来看，化可以分为左、右两部分，左半部分好像一个面朝左站立的人，右半部分好像一个倒立的人。根据其字形，后来又引申为"使……改变"之意。后来，"化"又发展出了几种其他含义，包括受到感化，如《吕氏春秋》云："天下太平，万物安宁，皆化其上，乐乃可成。"也包括消散和消失，指人或事逐渐消失。

3. “文化”

时如逝水，不曾更改，朝代更迭，古今一辙。伴随社会发展与变迁，“文”与“化”二字也在岁月长河中不断丰富与发展，最初各自单独使用，渐渐地二字开始出现了越来越多的合用情况。例如，西汉刘向《说苑》云：“圣人之治天下也，先文德而后武力。凡武之兴，为不服也；文化不改，然后加诛。”意为圣人若想实现天下稳定，要以文德为主，之后再实行武力。将武力镇压作为治国首选的统治者，最终并不会受到民众的爱戴与信服。先用文德治理，治理无法取得成效便可以诛罚他了。西晋束皙于《补亡诗·由仪》中称：“文化内辑，武功外悠。”这时的文化意为一种内化于人的品质与修养。

可见，汉朝之后的“文化”已经初步具有了如今“文化”二字的含义，与如今“文化”二字的狭义相似，开始指一种内化于人的思想道德和思想素养。

**（二）文化的定义**

探究文化的相关内涵与概念，需要从文化的定义入手。随着现当代社会各学科发展不断完善，人们也越来越注重对不同研究对象进行定义。就文化而言，国内外诸多学者有不同的定义，体现了不同学者看待文化的不同视角与出发点。

20 世纪中叶，美国学者克罗伯经过多年的总结与研究，总结出各界学者关于文化的定义共计 164 种，引起当时诸多学者的广泛关注。此前，学者虽然对于文化有所研究，但是并未发现其定义竟有如此之多，这也极大激发了人们对于文化的研究热情。同时，文化是人类社会所创造的“灿烂财富”，在人类学研究蓬勃展开的背景下，关于文化定义的研究自然提升了“热度”。

一般而言，20 世纪中后期学者对于文化的定义主要有如下四种。

第一，认为文化是人类特有的一种思维活动或思维方式，体现着不同地区、不同民族人群的思维倾向，具有较强的特殊性与个别性。

第二，认为文化是人类在社会之中逐渐养成的行为方式和行为准则，具有明显的传递性与继承性。

第三，认为文化是一种能力，该能力为人类所特有。

第四，认为文化指人类社会中人类所创造的一切意识层面与物质层面的产物。（该观点由美国文化学家泰勒所持有，并产生广泛影响，多数学者对该观点较为支持。）

另外，我国关于词义解释的权威著作《辞海》中有："从广义上说，指人类社会历史实践过程中所创造的物质财富和精神财富的总和。从狭义上来说，指社会的意识形态，以及与之相适应的制度和组织机构。"综上，《辞海》将文化分为广义与狭义，文化的广义实际上与泰勒对于文化的定义十分接近。

而文化的狭义与我国古代对于文化的定义较为接近。笔者认为，《辞海》对于文化的定义十分贴切，"文化"二字含义不应只拘泥于其内化表现，不应只拘泥于意识层面，人们通过一系列实践而产生的各种物质财富，在一定程度上也影响着人的内心，影响着社会的发展，对人类发展的影响程度丝毫不亚于意识文化，也应当被引起相应重视。

## 二　文化软实力的概念

文化软实力对于我国"两个一百年"奋斗目标与中华民族伟大复兴中国梦的实现具有重要意义与价值。就我国而言，我国文化软实力的重要支撑在于我国的传统文化体系，文化软实力也在一定程度上对复兴传统文化提出更多可行的要求与路径。总之，研究文化软实力与中国文化的内涵及其关系，在当代社会已经越来越重要。

### （一）文化软实力的定义

文化软实力是与硬实力相对的一个词，指文化与意识形态吸引力所体现出的力量，是世界各国制定文化战略与国家战略所参考的重要标准。在谈及文化软实力的定义之前，先要明确软实力与文化力各自的含义。

1. 软实力

软实力最早出现于美国约瑟夫·奈的《注定领导：美国权力性质的变迁》一书中。但是与软实力表示同样含义的词却早已出现。在此之前，各国诸多学者对此有相关研究。不过《利维坦》中的思想与现代的“软实力”仍有很大不同。霍布斯的代表作《利维坦》中就有明显体现。

此后，许多学者在谈论政治问题、文化问题时都对该概念有所涉及。总之，“软实力”已然成为如今文化领域的重要词汇，吸引大量学者对此提起了关注。

2. 文化力

“文化力”一词，对于多数人来说比较陌生，这主要由于文化力在历史上曾被诸多学者作出不同定义，而真正延续下来的定义却较少，人们对此缺乏相关的了解。在我国，梁启超先生曾表示文化是一种国力，虽然文化包括各种思想文化在内的内容仅存于意识层面，但是其对于国家的发展也有较为重要的促进作用。

在国外，一些学者认为文化力就是文化的力量，是文化对于人类社会发展所起到的正向促进作用。在笔者看来，根据马克思主义哲学的基本看法，世界是物质性的，历史发展的动力在于生产力的提升。所以，文化力的作用固然相较于硬实力（经济、军事）略小，但是对于人类社会发展的影响也不容忽视。人们可以将其视为经济发展程度的反映，同时也能够反作用于社会的经济、政治等领域，对人类社会未来的发展与走向具有一定影响力。

3. 文化软实力

文化软实力是文化力与软实力相综合，其定义包含了二者共同的特征。虽然“软实力”一词最早源自西方，但是当其进入中国，并与中国文化产生联系之后，我国学者已经对文化软实力进行了颇具中国特色的中国式研究与中国式解读。

目前我国学者对于文化软实力的定义主要有如下两种。

第一种，广义的文化软实力，主要指一个国家的文化价值观、意识形态、社会制度、文化模式、对外交往所表现出来的凝聚力、吸引力、影响力和竞争力。可见，该定义侧重于文化的意识层面，突出强调了文化是作为与物质性力量相反的精神性力量。

第二种，狭义的文化软实力，指相对于政治软实力与外交软实力而言的国家地区文化的影响力、凝聚力与感召力。

**（二）文化软实力的作用**

文化自信，是民族的灵魂，是国家发展生命的源泉。增强文化自觉，坚定文化自信，大力推动中国文化走出去已成为时代课题。考察中国文化在海外的传播与研究，不仅是响应习近平总书记的文化走出国门的号召，更是对中国文化传播史的一次综合性梳理。从周边看中国，从域外看中国，为海外中国学、中外文化交流研究做补益，促进有关海外中国学、国际汉学的进一步发展，这种必要性是不言而喻的。同时，亦可探索出中外文学、文化交流中的一条颇为成熟的轨迹，从而使更多的中国文学、文化可以跨越时代、跨越民族、跨越国度，向全世界传播。“文化是一个国家、一个民族的灵魂。文化兴国运兴，文化强民族强。文化能为人民提供坚强的思想保证、强大的精神力量、丰润的道德滋养。文化作为一种精神力量，能够在人们认识世界、改造世界的过程中转化为物质力量，对社会发展产生深刻的影响。”① 可见，文化对于社会乃至国家具有举足轻重的意义，而作为民族文化的集中体现，文化软实力同样有其不容忽视的重要作用。笔者认为，文化软实力的作用体现在国内作用与国际作用两方面。

① 武向春、刘加夫：《江西文化软实力研究》，江西科学技术出版社 2019 年版，第 1 页。

1. 文化软实力的国内作用

文化软实力作为国家意识形态的集中体现，承载着一个民族诸多重要的文化内涵与文化基因。一个国家的文化软实力是饱经岁月沧桑与磨砺之后，一直传承延续下来的宝贵结晶。由于文化软实力植根于祖国大地，其各项内容与核心主旨均围绕国家，能够促进国家向更加良性的方向发展。

就我国而言，我国的文化软实力对于国内各领域的发展与建设都具有积极意义。

（1）文化软实力有利于我国社会的稳定与和谐。中华传统文化博大精深、源远流长、风云变幻、历久弥新。中华传统文化源于商周时期，发展于春秋战国时期，成型于唐宋时期，繁荣于宋明时期。我国自古就是“礼仪之邦”，传统文化包含大量思想文化精粹。

春秋时期诸侯并起、社会动荡，乱世之中涌现出大量有识之士，他们希望依靠毕生所学，改变当时中国社会的境况。例如，儒家代表人物孔子和孟子提出了以“仁”“礼”为核心的思想主张，希望人与人之间充满友善，社会之中保持和谐，而君主也应当时刻“以民为贵”，形成一种“大同社会”。又如，法家代表人物商鞅、慎到、申不害、韩非等人也纷纷提出各具特色的以法治国思想，商鞅、慎到、申不害分别注重“法”“术”“势”，而韩非则集三家之长，提出“法”“术”“势”相结合的治国思想。此外，还有墨家、名家、阴阳家、纵横家等纷纷于乱世中为各诸侯王献计献策。虽然这一时期“百家争鸣”“巨人井喷”，但是他们均以实现“治世”为根本目的，都希望实现社会的长治久安与稳定和谐。

如今，中国社会已经进入社会主义新时代，各项事业都已经取得举世瞩目的成就。在喜人成绩背后却也存在着不容忽视的问题，如何进一步加强建设社会的和谐氛围？如何进一步提升居民幸福指数？如何进一步推进社会主义现代化建设？这些都是人们需要面对的问题。

而文化软实力包含着丰富的优秀传统文化元素，大力宣传与发扬文化软实力，促进其对于国民的良性引导，有利于社会产生更加浓厚的“和谐”“友善”“仁爱”风气，以促进社会向稳定与和谐的方向发展。

（2）文化软实力有利于我国社会主义现代化建设。社会主义现代化建设是漫长的征程，其过程应当以十年、二十年为计，而非“一日之功”。所以，为了更加深入贯彻现代化建设理念，加快现代化建设步伐则变得尤为重要，而文化软实力对于现代化建设具有明显的助推作用与借鉴意义。

一方面，文化软实力包含大量我国优秀传统文化的内容，按照常规观念，传统文化即“仁”“义”“礼”“智”“信”等传统思想，事实上，传统文化博大精深，不仅包含丰富的为人处世哲学，也包含十分丰富的科学技术思想。

纵观历史，我国也曾出现过诸多科学技术领域人才，如祖冲之精通数学，发明圆周率；落下闳精通历算与天文；郭守敬精通天文与水利；沈括精通天文、数学、物理等多门学问，其著作《梦溪笔谈》成为后世宝贵的科学思想财富。这些科学技术文化虽历时已久，然其包含的部分普遍规律至今仍然为人们所用。同时，“借古鉴今”在现代化的当代社会也具有一定的借鉴意义。

另一方面，大力宣传文化软实力，推广其包含的文化精华，有利于促使更多民众接触我国各类文化内容，并受传统文化影响，提升国民群体的民族自豪感、民族荣誉感，增强民族凝聚力与向心力，有利于形成全民助力现代化建设的“合力”。

2. 文化软实力的国际作用

就国际而言，文化软实力同样发挥着巨大作用。

（1）文化软实力有利于提高我国的国际影响力。目前，各国之间联系紧密，合作密切，交往频繁，这促进了不同国家间的文化交流与融合。因此，各国越来越重视综合国力，而非单纯的“硬实力”。文化软实力作为一个国家综合国力的重要内容，逐渐凸显其重要作用。

一方面，文化软实力中蕴含一个国家、一个民族多年来所延续与传承下来的文化精华，是一个国家向其他国家展示自己优势最好的“名片”；另一方面，和平与发展是时代的主题，各国希望实现更加高速的发展。而吸收和借鉴外来文化精华，无疑是一条有效的途径。在这一时期，我国大力发展文化软实力，有助于向世界展现中华优秀文化的价值。如此，便能促进我国文化在世界各地“生根发芽”，并且散发更加多样的魅力，提升我国国际影响力。

（2）文化软实力有利于提升我国的国际话语权。文化软实力是综合国力竞争的重要因素。当今世界文化与经济相互交融，经济发展与文化进步相辅相成。经济的文化含量日益提高，文化的经济功能越来越强，文化已经成为国与国之间竞争的利器。谁占据了文化发展的制高点，谁拥有了强大的文化软实力，谁就能够在激烈的国际竞争中赢得主动、占得先机。文化的巨大作用日益为世界各国所认识和重视，越来越多的国家千方百计壮大本国文化的整体实力和国际竞争力。

所以，在国际交往中，文化软实力事关一国国际话语权。它主要体现在国际规则设计、国际会议议程设置和国家风向引领三个方面。只有文化软实力强大的国家才有可能把控国际会议议程，将自己的意志以国际法规的形式确立，通过国际舞台传达自己的声音和诉求，在国际交往中更好地影响他国，维护本国利益。

## 第二节 中国文化海外传播的历史与现状

### 一 传统思想文化海外传播

随着世界经济快速发展，各国越来越重视文化领域对于国家发展的战略意义。为了有效提升我国的国际地位，提高我国的国际话语权，以更好地为世界和平贡献一份中国力量，我国近年来在文化海外传播领域“下足功夫”。其中，最主要的便是传统儒家思想、道教思想、佛教思想的海外传播。

**（一）传统儒家思想的海外传播**

传统儒家思想是我国深入人心的思想文化体系，构成了中国人民的“思想底格”，儒家思想随着社会发展变迁，始终保持着活力，在不同的时代背景下，形成各具时代特色的儒家思想。其对于我国国家发展、社会秩序稳定、个人修养形成等多领域都起到无可替代的重要作用。

儒家思想因循“周礼”，形成于春秋时期，这一时期诸侯纷争，礼崩乐坏，社会动荡，儒家以复兴“周礼”为己任，以期建立一个和谐稳定的理想社会。经过千年发展，儒家思想繁盛于宋明之际，此时各地学者从不同的出发点，开创出不同的儒家思想体系，如张载关学、周敦颐濂学、程颐和程颢洛学、陆九渊和王阳明心学等。

这时的儒家思想已经成为十分庞大、无所不包的思维体系，与我国人民的历史精神谱系紧密相连。另外，儒家思想不仅在国内广泛传播，在国外的传播也早已开始。

据记载，我国历史上曾与海外进行广泛的文化交流，尤以汉朝与唐朝为甚，许多外来之邦热衷于学习孔孟儒学，最具代表性的莫过于日本。

在日本江户时期，统治者极为重视中国文化，德川幕府把当时的朱子之学作为为政者重要指导方针。朱子之学的核心在于“理”，朱子认为天地之间最根本的原则便是“理”，“理”寓于任何事物之中，所以任何事物均具有一个“理”。作为统治者，只要掌握了“理”，就能够通晓万事万物，达到最高的境界。幕府时代结束之后，日本进入明治时期，虽然明治天皇力求变法维新，但是其对于中国传统文化的重视却未曾改变。

第二次世界大战结束之后，张君劢、唐君毅、冯友兰等人对于儒学继续发展起到重要帮助与支持作用。日本关注儒学的发展走向，对冯友兰著作进行大量翻译，如劲草书房出版《现代中国思想史》，其中包含大量儒家思想，开现代儒学之先河。

改革开放以来，社会发展进入新时期，中国与其他国家的交往日益密切，这时我国兴起了“新儒学热”，这股热度也影响到日本地区。一些日本学者广泛研究中国儒学，其中的代表学者有吾妻重二、沟口雄三等，同时中日也时常开展相关领域的学术交流活动。

进入21世纪，儒学对于海外影响程度丝毫不减。例如，2019年中日共同举办传统文化交流活动，活动对于中国传统儒家思想进行了现代化的阐释，表明中国儒家思想虽然产生于古代，但是对于现代社会仍然具有较强的理论意义与现实价值，新时代的中国人必须认清儒家思想的重要意义，并致力于儒家思想的发扬与传承。

**（二）传统道教思想的海外传播**

在法国，20世纪中期，关于道教的研究逐渐增多，其中，尤以克里斯托菲·舒博尔为主。舒博尔对中国道教具有极大的兴趣，其不仅专注于对道教思想的钻研，还为自己取了一个道教别号。舒博尔以从中国带回来的大量文献典籍为基础，进行广泛研究，查阅多部道教典籍，终于编成了一部《道藏书名逐字索引》，该著作能够实现对道教名次、道教知识的快速查找。这不仅方便了海外学者对道教思想的研究，也在一定程度上加深了海外学者对于道教的了解。

在日本，对于道教的研究以蜂屋邦夫为主。他决定改变曾经对于道教思想的研究方略，着重进行考察，曾探访我国多处道教遗址。蜂屋邦夫的考察取得了一定的成果，他将这些道教研究成果传入日本，引起了较大反响。

在英国，对于道教研究最为深刻的当属李约瑟，李约瑟对汉学的研究可以说达到了痴迷的程度。李约瑟提出中国历史上绝大多数领域的发展均与道教息息相关。例如，火药、药品，以及化学领域的多种发明都是在道教炼丹时偶然间所发现的。又如，道教中许多养生术（吐纳法、导引法）也是现代传统养生体育的重要组成部分。在李约瑟对于中国道教思想的广泛研究指引下，英国在一段时间内兴起了一股“汉学热潮”，在这种趋势下，李约瑟也相继出版了大量著作，在英国引起较大反响。其《中国科学与文明》一书中，就包含了大量中国道教相关的研究内容，以及大量中国传统文化的详细记载。

例如，书中除探索古代中国科学与古代欧洲科学的情况外，还介绍了道家炼丹术的发展，以及炼丹术与火药、火器、医药等发展的关联。另外，书中对于道教所追求的长寿之道与针灸理论也有比较详细的叙述。该书在英国产生了广泛影响，越来越多的英国人开始注重养生之道，甚至开始学习道教所推崇的生活方式。

**（三）传统佛教思想的海外传播**

佛教虽然不是中国的本土宗教，但是其传入中国较早，所以对于中国人民思维体系的形成起到了较大的作用。据历史记载，佛教首次传入中国应是公元67年东汉时期。自佛教传入中国之后，便开始广泛发展起来，佛教在2000多年的漫长发展过程中，在中国境内各个地区开始“生根发芽”，并演变出多种类别和宗派。佛教本土化的宗派包括天台宗、三论宗、唯识宗、华严宗、律宗、真言宗、禅宗、净土宗，每一佛教的宗派均具有不同的特点。例如，流传较广的宗派禅宗，其宗旨主要是寻求“顿悟”，而净土宗主张通过念佛等活动，达到消解恶因，修成善因，从而通达极乐净土等。

以上各教派在华夏大地“生根发芽”，不断发展，受众信徒与日俱增，在国内各地所兴建的庙宇、殿阁数量亦是随之增加。在这样的发展趋势下，我国周边的部分国家也受其影响颇深。

1. 日本佛教

（1）飞鸟时代（592—710年）。日本的飞鸟时代，我国正处于由隋至唐的剧烈变动期，也是我国佛教的大发展期，佛教的影响范围较广。

这一时期，圣德太子较为重视宗教的发展，其本人也十分喜欢中国佛教，可以算作佛教的忠实信徒。同时，圣德太子喜好儒学，研习大量儒家经典，有了儒学作为基础，对中国文化有了一些认识，面对同样由中国传来的佛教思想，其更加容易接受。公元 594 年，圣德太子下诏兴隆三宝，之后经过近百年的发展，直至公元 692 年，日本的寺院数量已经增至 545 所，其发展速度令人惊叹，可见中国佛教在日本影响较大。

（2）奈良时代（710—794 年）。奈良时代基本保持着飞鸟时代对于佛教的尊重与重视。圣武天皇十分热衷于佛教，他认为佛教虽然并非中国所产生，但是经过中国的发展后，极适合作为统治阶级治国理政的一项手段，对于社会稳定具有一定的积极意义。于是，圣武天皇为了更好地宣扬佛教思想，特命人铸一尊大佛，并请唐朝鉴真和尚设坛授戒。

这一时期的日本佛教思想主要有六家宗派，分别为三论宗、成实宗、法相宗、俱舍宗、律宗和华严宗，即所谓“奈良六宗”。其中，最值得一提的便是华严宗、法相宗。华严宗受到圣武天皇强力推崇，不过由于历史条件限制，日本并未对华严宗作出相应的改变与创新，基本承袭我国华严宗的全部教义教理。法相宗为唐朝著名僧人玄奘及其弟子共同创立，于齐明天皇时期传入日本，也产生了较大影响。

（3）平安时代（794—1192 年）。在平安时代，日本佛教开始出现形成以来的第一个弱势时期。由于统治阶级一直给佛教僧人以优待，僧人则自认为有朝廷庇护，而开始肆意妄为。

公元 8—9 世纪开始，已经屡屡出现僧人擅自蓄妻养子之事，这不仅与教义不符，在社会上也形成了不良影响。同时，由于日本武士从前一直是仅次于统治者的阶层，要明显高于农工商等阶层，如今出现了僧人，僧人也比农工商的地位高，便威胁到了武士阶层的地位与利益。于是，许多武士开始刻意针对僧侣，这也使得这一时期佛教的发展受到抑制。

（4）镰仓时代（1192—1336 年）。在镰仓时代，禅宗思想开始占据佛教的主导地位。这主要是由于禅宗没有过多的繁文缛节，修行过程较为简单，更强调精神修养。于是，上至幕府将军，下至普通武士乃至平民百姓，出现了大量信仰禅宗的信徒。

由于中日思想差异，禅宗在日本进行了一定的转化，出现特色更为鲜明的日本化禅宗。

（5）室町时代（1336—1603 年）。在镰仓时代统治者对于佛教的追捧之下，佛教达到了鼎盛时期，武士与僧侣之间的冲突被泯灭，许多武士甚至既是武士又是僧人。然而，进入室町时代，这一情况则发生了重大转变。

室町时代由于社会动荡不安，相比于佛教所追求的精神境界与来生，人们更加关注自己吃饱穿暖这些基本的问题。加之佛教许多宗派的创始人相继圆寂，之后各宗派便开始了激烈的正统之争，这给佛教的继续发展带来了较大的阻力。

（6）江户时代（1603—1868 年）。在江户时代，德川家康为了维护国内治安，并取得社会稳定长远的发展，开始了闭关锁国的政策。这一政策禁止了基督教等海外思想的传入，对于佛教思想的发展却是一件好事。同时，17 世纪幕府相继颁布了各项法度，对于佛教巩固和发展具有一定的积极意义。例如，1632 年颁布“寺院法度”，1635 年设立了寺社奉行，1664 年实施“寺檀制度”等。

这些政策看似利于佛教发展，不过实际上只是统治者为了更好地维护社会的稳定而使用的手段，以期佛教纳入封建政权体系当中。所以，这时佛教的发展与昌盛只是一种表面现象，其教义教理已经在各个方面开始受到限制。

（7）明治时代（1868—1912 年）。在明治时代，日本开始效仿西学，注重科学技术，以“文明开化”作为其发展的重要方针之一。由于佛教的部分思想具有一定的消极性，与注重科学、冒险、改革的资本主义精神格格不入，于是佛教发展再次遭遇了瓶颈。在此后的百余年间，日本佛教逐渐与神道教合二为一。虽然日本社会在现代化程度逐渐提升的影响下，佛教信徒已经明显减少，但是留存下来的佛教思想与寺庙建筑仍然体现了中日佛教交流的那段历史岁月。

2. 朝鲜佛教

公元4世纪，我国处于魏晋南北朝时期，前秦皇帝苻坚命人将佛教思想传入朝鲜，并运送佛像进入朝鲜。佛教初传朝鲜便形成了较大的影响，高句丽兴建佛寺，专门供奉佛像。公元549年，梁武帝也派遣使者送佛舍利进入新罗。

而佛教传入朝鲜，也应当对其进行适当调整与改变，以适应朝鲜的基本情况。例如，一些华严僧人对华严教派进行修改，形成了不同于中国、日本，具有朝鲜特性的华严思想。而在天台教派方面，首先有10世纪后半叶由谛观所撰的《天台四教仪》一书问世，后有11世纪后半叶义天成立天台宗等。

后来中国进入了宋明时期，这一时期我国朱子学盛行，儒学作为主流思想传入朝鲜，朝鲜佛教也因此受到了一定的冲击，佛教趋于衰落。不过20世纪中叶佛教再次获得统治阶层的支持，佛教势力再次获得发展。

## 二　传统艺术文化海外传播

中华文化历史悠久、种类繁多，涉及各个领域。其中，传统艺术是一个十分重要的领域。传统艺术包含传统音乐、传统舞蹈、传统戏曲等众多内容。在漫长的岁月演变过程中，传统艺术始终兼容并蓄，博采众长，如今深受国内人民喜欢，也成为海外友人眼中的文化瑰宝。

### （一）传统戏曲在海外的传播

中国传统戏曲在海外传播主要以美国、日本，以及部分欧洲国家为主，其中，在美国与日本两国间传播广泛、影响深远。

美国对我国的戏曲文化十分重视，这足以说明传统戏曲文化的艺术价值和国际影响力。据记载，1767 年我国元杂剧《赵氏孤儿》就已经在美国上演。

19 世纪大批华人希望去美国务工，形成一股海外“淘金热潮”，而离乡出国的国人由于思乡心切，时常组织戏曲研究与演出，这在美国产生了广泛影响。这一时期粤剧在美国传播开来。随着时代发展，越来越多的美国人喜欢上了中国的戏曲，进入 20 世纪，美国人不仅喜欢粤剧，而且出现了大批京剧爱好者。

如今，伴随各国交流日益密切，美国对于传统戏曲尤其是京剧更加重视。2013 年，美国孔子学院举办第十二届“汉语桥”大赛，选手白珂表演京剧《天女散花》，进一步引起美国的“京剧热”。总之，传统戏曲在美国的传播主要以粤剧与京剧为主，越来越多的海外友人希望加入戏曲文化的学习队伍中。

日本自古就深受中国文化影响，其文字、礼节、茶俗等方面均受我国传统文化影响。同样，日本对我国的戏曲文化也十分喜爱。20 世纪初，日本学术界曾对于中国戏曲文化开展广泛研究，之后由于战争等原因，相关记载无从考证。进入 21 世纪，中国大量优秀戏曲作品传入日本。例如，《贵妃东渡》《长坂坡》《太真外传》《牡丹亭》等。2012 年，大阪产业大学孔子学院联合相关部门共同举办“粉墨中国”活动，上海戏剧学院的部分师生为此准备了《空城计》《大闹天宫》《三岔口》等多个优秀京剧选段，使日本人进一步了解我国传统戏曲的相关内容。

### （二）传统舞蹈在海外的传播

中国传统舞蹈源远流长，最早源于古老的祭祀仪式。在原始社会时期，人们对于自然充满未知与恐惧，面对自然灾害与蛇虫猛兽，完全没有反抗的能力。后来，人们希望通过某些动作，以求得保佑和庇护，于是形成舞蹈的雏形。可见，早期传统舞蹈以祈福、祭祀、保佑等为主要目的。随着时代发展，中国传统舞蹈也在快速发展过程之中，时至今日，传统舞蹈已经成为世界文化史上的“奇葩”。

如今，为了向世界展现传统舞蹈的魅力，为了向世界彰显中国文化，我国多所艺术院校，各宣传部门与文艺部门，曾多次举办舞蹈文化“走出去”系列活动。例如，2018 年，国家艺术基金资助项目舞蹈剧场《遇见大运河》赴希腊巡演。中国与希腊均为具有悠久历史的文明古国，在几千年前，两国一东一西，遥相呼应，各自书写壮丽史诗，如今跨越地域，广泛交流，举办大型的文化交流活动，这促进了我国舞蹈在西方国家的传播与发展。又如，2019 年北京语言大学中国文化对外翻译与传播研究中心和天津音乐学院舞蹈系联合主办的“中国传统舞蹈艺术走出去海外传播国际研讨会”在天津音乐学院图书信息楼第三会议室成功举办。与会人员有天津音乐学院院长徐昌俊，北京舞蹈学院教授、著名舞蹈教育家潘志涛，美国密苏里州堪萨斯城音乐与舞蹈学院教授玛丽·帕特·亨利（Mary Pat Henry），美国密苏里州堪萨斯城音乐与舞蹈学院系主任保拉·韦伯（Paula Weber）等。会议强调并说明传统舞蹈对于世界文化繁荣的重要性，并期望国内外有效共建舞蹈文化传播途径，以更好地传播中国文化，树立中国形象。

### 三　传统科技文化海外传播

中国历史上除了为世人所熟知的四大发明之外，还拥有大量科技发明，这些发明不仅是我国历史上科技进步与发展的有力证明，更为世界科技发明提供了一定的动力与支持。在古代，我国科技水平曾一度保持在世界前列。例如，中国采用阴阳合历，即以太阳的运动周期作为年，以月亮圆缺周期作为月，以闰月来协调年和月的关系。古人根据太阳一年内的位置变化以及由此引起的地面气候的演变次序，把一年又分成二十四段，分列在十二个月中，以反映四季、气温、物候等情况。

在中国历史上，元朝为科技大发展时期。元朝统治者并非汉族，出身游牧民族，本身比较缺乏科学方面的知识与经验，所以更加重视科技发明，认为科技对于提升国家的战斗能力具有决定性的作用。在元朝统治者对科技领域的极力推崇之下，我国涌现出了大量杰出的科学家，代表人物包括郭守敬、耶律楚材、周达观、王大渊等人。其中，郭守敬世称"郭太史"，年少聪颖，少年时便对科学表现出强烈的好奇心，在不断学习与钻研之下，在天文、历法、水利等诸多领域都卓有建树。例如，他曾修订新历法《授时历》，并沿用 300 多年。他还曾修浚西夏境内的古渠，兴修水利，使西夏干旱农田得以灌溉。由于郭守敬有一系列卓著成绩，1970 年，国际天文学会以郭守敬的名字将月球上的一座环形山命名为"郭守敬环形山"。1977 年，国际小行星中心将小行星 2012 命名为"郭守敬小行星"。

伴随中国大量科技发明的出现，亚洲其他国家与欧美诸国纷纷派遣使臣，前来学习中国科技。例如，18 世纪欧洲派遣使臣前来学习园林建设技术。日本遣唐使前来学习博大精深的《黄帝内经》。《本草纲目》被多国先后翻译为各种文字，并被誉为"古代中国的百科全书"。总之，中国科技文化曾一度领先世界，并对世界科技发展起到了重大的推动作用。如今，我国古代的部分科技理论仍然为海外多国所沿用。

## 第三节　中国文化海外传播的意义与价值

### 一　有利于国民文化自信提升

传统文化在海外传播有利于增强国民文化自信。进入 21 世纪之后，科学技术快速发展，世界已然进入信息时代。在信息时代下，国与国交流日益密切，文化与文化之间的对话与交融增多，这极大地促进了文化多元发展。“如何在文化多样性中寻求到本国的话语权尤为重要。有着强大经济作为支撑的西方发达国家在自己建构的国际秩序中拥有话语权并不是难事。”① 例如，部分国家以本国文化为世界文化之精髓，希望运用多种手段，达到以本国文化影响他国，改变他国文化，甚至弱化他国国民文化自信的目的，一些发展中国家的文化发展却举步维艰。一方面，发达国家对发展中国家渗透西方节日文化与习俗，如圣诞节、复活节、感恩节等，并输入相关商品；另一方面，发展中国家国内部分院校对学生思想道德教育不够重视，缺乏关于传统文化相关内容的讲解，致使本国一些年轻人有了崇洋媚外的思想倾向，缺乏文化自信。

而促进传统文化的海外传播，促进文化走向世界，增强传统文化对世界的影响力，无疑是对这种境况的有力回击，更是提升我国年轻群体文化自信的可靠途径与必要手段。“作为五千年文明大国，中国应参与到国家话语权中，积极推动本土文化走出去，以中华文化的视角来圆融不同文明、不同制度、不同道路间的差异性，促进各国间的友好合作、取长补短、维护世界文明的多样性。”②

## 二 有利于中国文化创新发展

中国传统文化诞生于华夏大地，几千年来一直在华夏大地“生根发芽”，直至“开花结果”。纵观历史，我国文化的发展经过了一段漫长的历程，从先秦时期已具雏形，到秦汉时期逐步完整，再到唐宋时期走向辉煌，传统文化一步一步丰富完善，承载了中华儿女几千年的历史记忆。

---

① 张颖：《中华文化走出去的意义与策略研究》，《山东省社会主义学院学报》2018 年第 4 期。

② 张颖：《中华文化走出去的意义与策略研究》，《山东省社会主义学院学报》2018 年第 4 期。

如今，人们生产力大幅提高，生产方式也明显改变，产生于古代农耕社会的传统文化体系在现代化的中国社会中，日益显露出其“不合时宜”的一面，一些旧思想已经不能完全适应当代社会的发展情况。例如，“三纲五常”“尊卑秩序”“愚孝愚忠”等等。

那么，如何使中国文化在新时代下与时俱进，随着时代变革而创新，就成为每一个中国公民面临的实际问题。

在“走出去”的过程中，海外文化会与中国文化在碰撞中交融，在冲突中升华，有利于促进中国文化的多元发展与创新发展，在一定程度上，也有利于中国文化吸取更多的新鲜元素。以中国文化为纽带，用更加开阔的视野开展对中国文化与世界文化的研究和探索，促进不同文明间的互鉴与交流，不仅可以为国家发展创造良好的外部环境，而且可以进一步推动海内外中国文化相关领域研究的学术共同体的建构。

**（一）文化产业的创新**

目前，我国的文化发展日益繁荣，特色产业与传统文化相互结合、共同发展。产业的发展不仅仅停留在物质层面，更与时代相结合、与民族传统文化相结合、与当地特色相结合。既满足了产业对经济的要求，又满足了人民群众对文化的需求。例如，文创产业的繁荣，文化创意博览会、创新活动周等数量不断增多，规模不断扩大；国风动漫的崛起，中国动漫产业呈现跨行业融合、以IP联合开发为主、中国动漫呈现由“低龄化”向全球化转变的特征；民俗博物馆的建立，截至2017年1月，国家文物局公布了154家文化文物单位文化和创意开发试点单位。历史文化街区与文创创意的有机结合，将传统民俗文化传统与文化创新融入当地居民的生活。如“可沉浸的完整街区”的规划理念和“传统生活场景再现”创意目标的奥胡斯老城步行街区，用打造“全息化的历史博物馆”的方式实现了文化的活态传承。①

① 叶朗：《中国文化产业年度发展报告2017》，北京大学出版社2017年版，第290页。

### （二）文化传播途径的创新

1. 多媒体渠道的传播与发展

一是“线上 + 线下”的文化活动的开展。网络与人们的日常生活紧密相连，各种活动的开展都开始利用“线上 + 线下”的形式，不仅为观看提供了便利，也扩大了受众群体。各项文化、非遗文化宣传活动，不再受场地限制，可以让更多感兴趣的人参与进来。同时，线上教学活动也逐渐形成常态化。这一方面增加了汉语国际教育的线上学校人数，另一方面提高了教师的综合教学能力，这既是汉语国际教育需要面对的直接挑战，也是中国文化进一步走向世界的机遇。二是短时间的文化视频制作。由于人们生活习惯和之前不同，现在更多的年轻人利用碎片化的时间满足自己的需求，因此“5 分钟纪录片”“3 分钟电影”“1 分钟读完一本书”等短视频形式层出不穷。文化传播也可以利用这种短视频的形式，制作内容简单、主题突出的文化视频，如李子柒的视频就是其代表。

2. 特色文化主题活动的开展与推广

将文化活动与学校教育相结合，在学校积极开展与中国文化相关的演讲、交流或表演活动，在丰富教学内容的基础上，既符合“以学生为中心”的教育理念，又提高学生的积极性与主动性。同时，将文化活动与当地传统文化相结合，开展各式非遗文化、特色文化的体验活动、演讲活动，既满足了人民群众的精神生活需求，又促进了文化与当地的紧密结合。如上海市开展“非遗 + 文创”“非遗 + 红色文化”“非遗 + 旅游”“非遗 + 教育”等活动，组织中外学生感受和理解中国文化的多样性。福建民俗博物馆线上与线下相结合，既有民俗表演、主题活动、研学、闽风民俗等多种线下活动，也有“民俗馆里的福文物”等线上展览活动。陕西省汉中市开展“汉风古韵”汉文化大讲堂进县区、进农村、进校园等活动，社会各界反响强烈，品牌效应日益显现。

## 三　有利于我国国际地位提升

在21世纪，和平与发展成为时代的主题，任何国家都希望在世界舞台上提升本国的影响力与国际地位。国际地位与国家的综合国力紧密联系，综合国力的强弱在较大程度上决定了一个国家的国际地位高低与话语权大小。所以，提升自身综合国力成为世界各国发展的主要目的。

曾几何时，武力和军事是决定国家综合国力的唯一条件，“谁的拳头硬”，谁就能主导其他国家，甚至主导人类社会的发展方向。而在当代社会，由于社会生产方式发生大幅转变，人们已经进入知识经济时代，文化相较于军事和武力而言，其影响与作用不容忽视。任何以武力胁迫他国，强迫他国进行违背其意志的行为将会受到国际社会的强烈谴责。所以，与军事这种“硬实力”相对的文化软实力的作用日益凸显。

在此背景下，越来越多的国家开始重新定义本国文化，并开始大力发展本国文化。其中，中国作为具有悠久历史的四大文明古国之一，历史悠久、源远流长，饱经沧桑而历久弥新，即使在信息时代，也仍然焕发着夺目的光彩，具有其他国家不具备的巨大文化优势。我国政府在深刻了解中国文化重要地位与深刻作用的前提下，与国内外各高校、各组织广泛开展合作与交流，大力支持发展中国传统文化，促进传统文化与他国文化的交流与互鉴，同时鼓励国内年轻人去学习和保护传统文化，以实现更好地传播中国传统文化的目标。

中国传统文化是中国综合国力的重要组成部分，在相关部门对于传统文化的重视与保护之下，传统文化便具有了更加广阔的发展空间。文化不断繁荣与发展，不但有利于在国内形成良性的价值观引导效应，而且有利于在助力提升我国综合国力的基础上，进一步提升我国的国际地位，使中国传统文化在世界文化交流的舞台上越走越远。

# 第一章 “桃李满天下”

## ——孔子学院的兴起与发展

## 第一节 孔子学院的成立背景及概述

### 一 孔子学院的成立背景

2004年，世界上第一座孔子学院在韩国首尔正式设立，此为我国传统文化向海外传播的重要转折点。在这一时期开始成立孔子学院，与当时的时代背景有着紧密联系。

20世纪与21世纪之交，恰逢世界格局与世界生产领域发生重大变革的时期。国内与国际均为挑战与机遇并存，孔子学院的产生有着深刻的时代背景，这包括国内背景与国际背景两个方面。

#### （一）国内背景

1. 经济层面

我国具有了开办孔子学院的综合实力。改革开放以后，国家大力发展生产力，强调快速发展国内经济，把国门打开，吸收外来科学技术。自此，我国各领域开始进入快速发展阶段，GDP呈现急速上升之势，各领域均取得一系列重大突破。21世纪初，我国的经济水平已经达到了历史新高度，2003年以来，中国GDP一直保持两位数以上增速，2003年增长10%，2004年增长10.1%，这样的增长速度在当时世界上诸多发展中国家中居于前列。这意味着，我国已经基本具有了开办海外孔子学院的经济实力与物质基础。

2. 文化层面

20 世纪 80 年代改革开放以来，我国经济取得巨大发展，国际地位明显提高，世界上越来越多的国家开始对我国进行关注与重视。一方面，为了满足海外友人学习和了解中国文化的需求，希望越来越多的国际友人能够加深对于中国的认知，打造更加和平友善的中国国际形象；另一方面，也希望推广汉语言，推广传统文化，于是有关部门开始产生了在海外兴建孔子学院的初步构想。

综上，经济层面、文化层面等共同为创办孔子学院提供了可靠的基础与保障，此为孔子学院的国内背景。

**（二）国际背景**

1. 国际环境

世界上一些国家以其国内历史著名人物为名，创办学院，以传播其思想文化与历史文化，这为我国开办孔子学院提供了借鉴。德国于 1951 年成立歌德学院，该学院自成立之日起，发展极为迅速，目前已遍布 78 个国家和地区，共有分支机构 144 家，其中国外分支机构 128 家。几十年来，歌德学院、歌德中心、阅览室、考试中心和语言学习中心组成的网络一直在全球从事着以对外文化及教育交流为中心的工作。其工作是促进国外的德语语言教学工作以及国际文化合作。除此之外，其还通过介绍有关德国文化、社会以及政治生活等方面的信息，展现一个丰富多彩的德国形象。

西班牙于 1991 年成立塞万提斯学院，主要为了纪念文艺复兴时期西班牙大文豪塞万提斯，并以此为媒介传播西班牙文化。塞万提斯学院组织有关西班牙和拉丁美洲的文化活动，包括展览、讲座、圆桌会议、文学交流会、音乐表演、戏剧表演和研讨会。为随时更新知识及教学方法，塞万提斯学院每年都会组织 8000 余名来自公立或私立教学机构的教师参加培训班和研讨会。可见，海外其他国家的相关经验为我国建立海外学院提供了有效借鉴。在这样的国际背景下，我国为增进其他国家对中国文化的了解，促进中外友好关系，而成立孔子学院。

2. 文化环境

我国被誉为“礼仪之邦”“文明古国”，包含很多“文化瑰宝”。我国较具代表性的文化体系是儒家文化。儒家文化是中国文化的重要基石，是中国民族性格的重要组成部分，同时也影响着其他国家。在当代社会，世界各国都越来越重视文化的力量，各国领导人都希望在其他国家吸取对于本民族发展有利的文化因素，所以一些国家就有进一步了解、学习、研究中国文化的需求。同时，近年来“汉语热”已经成为一种世界潮流，在中国的近邻韩国，上百所大学开设了汉语课程，学习汉语的人数超过 100 万人，一些著名的企业出于战略考虑越来越重视培养员工的汉语能力；在日本，“汉语热”直追“英语热”，汉语成为继英语之后的第二大外语，学习汉语的人数多达 200 万；2002 年到 2005 年，英国大学把汉语作为主课选修的学生数量已经翻了一番，2017 年英国将中文纳入英国国民教育体系；2003 年，美国有 200 所中小学校开设中文课，2006 年增长 3 倍。总的来看，各国既有着了解中国传统文化的愿望，又有着学习汉语的需求，这在世界上形成了我国开办孔子学院有利的文化环境。

## 二 孔子学院概述

孔子学院是 2004 年成立的中外合作共同创办的非营利性教育机构。宗旨在于大力传播中华传统文化，促进世界其他国家的友人与我国人民共同交流汉文化，增进各国友人对中国文化的了解，并对各国友人开展汉文化相关的培训与教育活动。孔子学院的原则为互相尊重、平等对待、友好协商、互惠互利、和谐共处。

在明确孔子学院开办的宗旨与原则之后，有关部门借鉴其他国家推广本民族文化的成功案例，结合我国特殊的国情与文化底蕴，开始筹划成立孔子学院。

起初，孔子学院所包含的业务范围有：推广和宣传中国文化，对国际友人进行汉文化教育，培训汉文化教师，以及少量中外语言文化交流活动。后来，随着孔子学院开设的时间越来越长，其相应的业务范围也逐渐扩大。目前，孔子学院提供更加广泛的中国文化教育与中国文化咨询，组织推广汉语和传播中国文化的展览、演出或竞赛活动，推介中国的各类文化产品（如图书及音像制品、传统艺术品、纪念品等）。

孔子学院的管理活动主要由理事会负责。

理事会成员包括中国成员与承办国成员，至于理事会中每一国家各自包含的人数，则需要根据具体情况进行商议再确定。“孔子学院理事会负责审议孔子学院发展规划、年度工作计划、年度总结报告、项目实施方案及其预决算，聘任、解聘院长、副院长。聘任、解聘院长、副院长须报总部备案；中外合作设立的孔子学院院长、副院长的聘任由双方协商确定。”① 可见，孔子学院管理阶层的任免需要经过多方共同商议才能决定，具有较强的公平性。

孔子学院实行院长负责制，院长需要对学院内多数事件进行处理，也包括学院在海外的发展方向，以及学院与中国的交流与沟通，所以院长必须要熟悉中国文化，具有丰富的管理经验。

## 第二节　孔子学院的发展历程与现状分析

### 一　孔子学院的发展历程

自孔子学院成立以来，世界各国先后成立的孔子学院逐渐增多。

① 戴蓉：《孔子学院与中国语言文化外交》，上海社会科学院出版社 2013 年版，第 37 页。

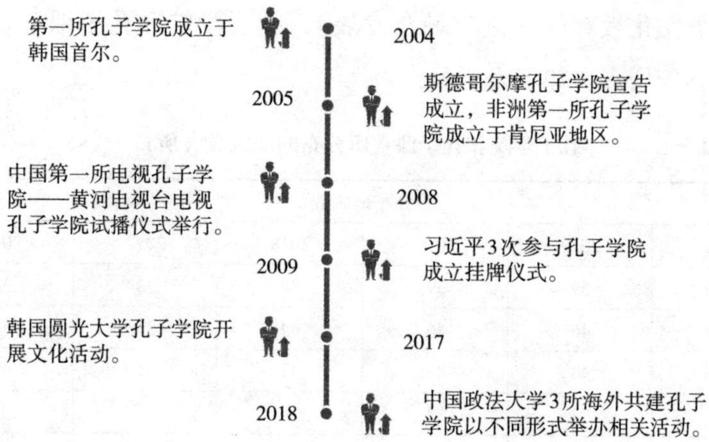


**图1－1 孔子学院发展简略**

第一所孔子学院成立于韩国首尔。也是在这一时期，中美签署协议，决定合作共建美国孔子学院。

2005 年 2 月，斯德哥尔摩孔子学院宣告成立，这也是欧洲地区第一所孔子学院。同年 7 月，我国召开首届"世界汉语大会"，在开幕式上，我国对汉文化的相关内容进行了简要介绍，并强调，之后我国将继续加大宣传中国传统文化的力度，并持续在世界各地开办孔子学院，以促进文化交流。12 月，非洲第一所孔子学院成立于肯尼亚地区。

此后的两年内，我国增加建设孔子学院的资金投入，在各国开办孔子学院。据统计，我国在短短的两年内开办的孔子学院数量多达 100 多所。大量孔子学院如雨后春笋一般成立于各个国家，引发了一股"汉语热潮"，许多外国友人对中国文化与中国语言产生了浓厚兴趣。"截至 2012 年底，孔子学院在 86 个国（地区）共建立 322 所。其中，亚洲 31 国（地区）84 所，非洲 9 国 14 所，欧洲 32 国 108 所，美洲 12 国 104 所，大洋洲 2 国 12 所。"① 孔子学院的海外建设可谓"遍地开花"。根据 2017—2020 年《中国语言文字事业发展报告》和《21

① 戴蓉：《孔子学院与中国语言文化外交》，上海社会科学院出版社 2013 年版，第 43 页。

世纪中外文化教育的交流与融合发展》，孔子学院和孔子课堂在全球的建立逐年增多。如下表所示：

表1－1　　孔子学院和孔了课堂所分布的地区数（所）

| 分布地区数 | | | | | |
|---|---|---|---|---|---|
| 年份 | 2020 | 2019 | 2018 | 2017 | 2016 |
| 亚洲 | 39 | 39 | 34 | 33 | 33 |
| 非洲 | 46 | 46 | 44 | 39 | 37 |
| 欧洲 | 43 | 43 | 43 | 41 | 43 |
| 美洲 | 27 | 27 | 25 | 21 | 22 |
| 大洋洲 | 7 | 7 | 7 | 4 | 5 |
| 总计 | 162 | 162 | 153 | 146 | 140 |

表1－2　　孔子学院在各地的分布情况

| 孔子学院数（所） | | | | | |
|---|---|---|---|---|---|
| 年份 | 2020 | 2019 | 2018 | 2017 | 2016 |
| 亚洲 | 135 | 137 | 126 | 118 | 115 |
| 非洲 | 61 | 62 | 59 | 54 | 48 |
| 欧洲 | 187 | 187 | 182 | 173 | 170 |
| 美洲 | 138 | 144 | 160 | 161 | 160 |
| 大洋洲 | 20 | 20 | 21 | 19 | 18 |
| 总计 | 541 | 550 | 548 | 525 | 511 |

表1－3　　孔子课堂数在各地的分布情况

| 孔子课堂数（个） | | | | | |
|---|---|---|---|---|---|
| 年份 | 2020 | 2019 | 2018 | 2017 | 2016 |
| 亚洲 | 115 | 115 | 114 | 101 | 98 |
| 非洲 | 48 | 48 | 41 | 30 | 27 |
| 欧洲 | 346 | 348 | 340 | 307 | 295 |
| 美洲 | 560 | 560 | 596 | 574 | 554 |
| 大洋洲 | 101 | 101 | 102 | 101 | 99 |
| 总计 | 1170 | 1172 | 1193 | 113 | 1073 |

2020年由于新冠肺炎疫情影响，中外各级学校开始通过互联网、人工智能等技术开展新模式、新形式的国际中文教学。我国设立“中文联盟”云服务教学平台，向全球免费提供190多门6000多节中文、中华文化和中国国情等在线课程，惠及200余万海外中文学习者。[①]

在孔子学院“世界开花”的背景下，近几年国内部分高校与海外孔子学院也一直坚持广泛举办相关活动，以促进中国文化的海外传播。2016年9月，哈尔滨工程大学与乌克兰南方师范大学孔子学院共同举办“孔子学院日”活动，活动大概持续一周时间。学生做了关于中国传统茶文化、书法文化、剪纸文化、乐器文化的展览与演出，并在学院附近带领其他来宾共同学习太极拳、太极扇。

2017年9月，韩国圆光大学孔子学院开展文化活动，活动期间召开多次会议，就如何传播中华文化，如何增添中华文化传播过程中的趣味性与生动性提出新的思路。该活动增强了圆光大学孔子学院在韩国的影响力，也增进了中韩人民的友谊。同年10月，德国埃尔福特孔子学院和罗马尼亚克鲁日孔子学院举办多场活动，充满中国韵味的各类表演以及汉语教师的中国传统服饰引来了众多路人的观赏。

2018年9月，中国政法大学3所海外共建孔子学院以不同形式举办相关活动，3所孔子学院热情洋溢地进行中国传统文化表演，可谓异彩纷呈，这进一步增强了孔子学院在海外的影响力。

另外，在这里不得不提及瑞典与美国。瑞典为北欧五国之一，其经济水平一直居于世界前列。但是由于人口较少，瑞典对于本国文化与本国语言十分重视，他们希望更好地保护与传承瑞典文化、北欧文化，任何与本国文化相关的刊物、广播等均受到本国人民热烈追捧。瑞典国内极为追求自主、追求平等。在瑞典，一些人并不认可其他西

① 国家语言文字工作委员会：《中国语言文字事业发展报告（2021）》，商务印书馆2021年版，第72页。

方文化，生怕其他西方文化“抢占”本国文化的“地盘”，他们决心保护好本国文化。令人惊喜的是，瑞典人民对于中国文化与中国语言却有着较大的热情，他们对中国文化的传入，以及孔子学院的成立可谓“绿灯大开”。瑞典第一所孔子学院成立于其首都斯德哥尔摩，这所孔子学院的成立受到瑞典国内居民的热烈欢迎。在这种情形下，瑞典有关部门又“趁热打铁”，在此基础上增设了一个汉语强化班，产生了强烈反响。美国是开设孔子学院数量最多的国家，根据孔子学院官网消息，2020 年 11 月美国共有 69 所孔子学院。美国开设的孔子学院在我国孔子学院总数量上占据了很大的比重。

## 二　孔子学院的现状分析

### （一）孔子学院的基本情况

“孔子学院在文化强国战略的实施中起着至关重要的作用。孔子学院作为世界了解中国与中国走进世界的窗口，自创建以来发展迅速，是中国文化强国战略的一次创新性实践。”[①] 可见，传统文化的海外传播对于提升我国文化软实力，加快我国文化强国建设步伐都具有重要作用，而孔子学院无疑是这一文化传播活动的“承担者”。

孔子学院是 2004 年中外联合创办的教育机构，其主要宣传的内容与理念旨在加强国际交流，促进世界多元文化发展，以加快构建和谐世界的步伐。

从数量上来看，截至 2020 年底我国已经在全球 162 个国家建设了逾 541 所孔子学院和 1170 个孔子课堂。例如，美洲、非洲、欧洲、亚洲、大洋洲分别建有孔子学院 138 所、61 所、187 所、135 所、20 所；并且分别建有孔子课堂 560 个、48 个、346 个、115 个、101 个。（参

① 季凡人：《孔子学院中华文化海外传播研究》，硕士学位论文，河北科技大学，2020 年，第 21 页。

考表1－1、表1－2、表1－3）

从地区特色上来看，不同区域所开设的孔子学院与孔子课堂，所传播与传授的内容，以及所使用的教学方法也有所差异。具体来讲，在欧洲、北美洲、大洋洲和部分亚洲国家，由于其经济发展水平较高，民众普遍受文化教育程度较高，民众具有较强的文化接受与理解能力。对于他们的文化传播与教育的内容更为丰富，体系更为庞大。孔子学院讲解的内容往往由浅入深，由表及里，会伴有一定的深刻性与哲思性。而在非洲、南美洲等一些经济较为落后，文化发展不够均衡的国家，孔子学院所传播的文化往往是普及性、表面性的内容，难度较小，更容易理解。

另外，由于不同区域、不同国家、不同民族具有不同的思维方式与行为习惯，同时也具有不同的文化差异，针对这种情况，孔子学院也往往“因地制宜”，根据不同的民族特色，采用不同的讲解方法。例如，欧洲等国的学生思维较为活跃，发散性思维与联想性思维较强，给他们授课往往会涉及许多其他领域的知识。而日本等国的学生比较保守、内敛，为了防止课程过于呆板无趣，对他们教学则要打破常规，多运用多媒体技术，使课程更加趣味横生。

**（二）各国孔子学院的发展概况**

本节以美、日、韩三国的孔子学院为例，简述孔子学院在他国的发展概况。

1. 美国孔子学院发展概况

美国目前是世界上创办孔子学院数量最多的国家，在其各个州都可见到孔子学院的身影。在长期的中外文化交流活动中，孔子学院在美国起到了传播中国传统文化与汉语言的重要作用。

2005年，孔子学院在美国的创办计划开始实施，最初是由美国马里兰大学与中国南开大学共同办学，次年入学人数仅为2万人。仅仅经过5年，2011年该校孔子学院人数便已经突破了20万人。近些年，孔子学院在美国取得了较大发展，虽然也曾遭遇一些特殊情况，但是中国传统文化在海外的传播却未曾停歇。目前，美国的“汉语热”持续升温，并且逐渐朝着低龄化方向发展，汉语教学已经从第三外语上升为第二外语。许多美国家长看到了汉语的巨大潜力，纷纷鼓励孩子报名汉语兴趣班。总之，孔子学院在美国的发展十分迅速，其影响力也是与日俱增，未来孔子学院仍将继续在搭建中美两国人民文化交流桥梁的道路上越走越远。

以下仅以创办于美国的部分孔子学院为例进行说明。

（1）美国旧金山州立大学孔子学院。该学院由旧金山州立大学与北京师范大学共同创办。该学院致力于汉语言教育，着力提升对于汉语言有强烈爱好学生的语言水平，并广泛开设中国传统文化通识课程。同时，该学院注重对师资力量的考察与提升，时常对学院教师进行系统培训，以提升其教学能力，以推动中美中文教学交流与发展。

（2）美国密歇根州立大学孔子学院。该学院由密歇根州立大学与中国中央广播电视大学共同创办。该学院借助广播电视大学的优势，在日常教学过程中广泛运用多媒体技术，变革传统教学方式，以多媒体技术、信息技术作为教学的新手段，以促使学生在了解传统文化时产生更多的共鸣。同时，该学院还开展各种各样有关汉语的教学活动与科研活动，并被多次评为“先进孔子学院”。

（3）美国普渡大学孔子学院。该学院由美国普渡大学与上海交通大学共同创办，成立于 2007 年。自创办以来，该学院始终不忘初心，致力于汉语语言培训课程研究，着重发展拉法耶地区与印第安纳州的汉语教学工作。多年来，该学院已培养出汉语与汉文化领域多名研究型人才。

（4）美国布莱恩特大学孔子学院。该学院由布莱恩特大学与中华人民共和国国家汉语国际推广领导小组办公室（以下简称“国家汉办”）共同创办。该学院于 2007 年成立，多年来面向社会广泛宣传传统文化，开展多次面向社会的文化活动，举办各种与传统文化相关的专题讲座。另外，该学院还与当地小学合作建立了6所附属孔子学堂，对于我国传统文化的海外传播起到了较大的助力作用。

2. 日本孔子学院发展概况

自古以来，日本就曾向华夏民族广泛吸取思想精华。进入现代社会，各国为了寻求更快速、更全面的发展，需要以开放包容的姿态吸纳各种文明，于是日本为其国内民众打开了了解中国文化的大门。

深受我国儒家思想影响的日本已经开办多所孔子学院。自2005年起，我国多所一流大学先后与日本当地的优秀大学合作，大力传播与弘扬传统文化，共建立15所孔子学院，2所独立孔子课堂。2005年至2018年的13年间，日本孔子学院已经累计培养学生17.7万人，日本社会中越来越多的人参加汉语考试，并学习和传承中华传统文化与传统技艺。

以下仅以创办于日本的部分孔子学院为例进行说明。

（1）立命馆大学孔子学院。立命馆大学孔子学院由日本立命馆大学与北京大学共同创办。该学院成立于2005年，自成立之日起便引起社会各界广泛关注。立命馆大学为日本国内久负盛名的高校，曾为日本输送各领域的大量人才，尤其在文学社科方面成绩斐然。

创办孔子学院后，立命馆大学广泛举办各种大规模演讲活动、竞赛活动，活动均以中国传统文化为主旨、为核心，向日本民众介绍中国传统文化，展现中国传统文化历久弥新的魅力。2008年春与同济大学合作在关西地区开设的大阪学堂使立命馆孔子学院的辐射作用得以进一步加强。2009年，立命馆孔子学院着力提升自身的汉语教学专业性，扩大办学范围，成功举办了大型“名家话汉语”系列讲座，设计出颇具特色的汉语教师培训课程，满足本土教师的需要，同时，深入中小学展开多种合作项目。与此同时，该学院还举办了多种高品质的文化讲座，也深受欢迎。立命馆大学孔子学院还曾多次荣获“世界先进孔子学院”称号，是日本孔子学院的“开拓者”与“先锋军”。

（2）樱美林大学孔子学院。樱美林大学孔子学院由樱美林大学与同济大学共同创办，成立于2006年。该学院自创办以来，就以“求实创新”为其发展的指导原则。学院专家经过研究与探讨后认为，中国传统文化植根于中国大地，具有极强的中国特色，对其照搬照抄、直接学习，往往过于僵化，不利于将其中的优秀内容更好地吸收与转化，所以之后的教学必须要结合日本特色，适当进行创新，要与实际相联系。在这种教学思想的指导下，樱美林大学孔子学院课程采用沉浸式教学、多媒体教学、情景化教学等方式，取得了显著成效。2010年，该学院还推出了学术年刊，在日本学术界乃至整个社会都产生了较为深远的影响，使得更多人接触和了解中国传统文化。2019年5月，日本神奈川县相模原市迎来了一年一度的盛大市民庆典活动——若叶祭。同往年一样，樱美林大学孔子学院与相模原市日中交流协会携手，在庆典会场开设中国文化体验区，在介绍中国文化，让相模原市市民感受中国文化魅力的同时，加强民间交流，特别是为日本当地青少年提供了解中国的机会。

（3）北陆大学孔子学院。北陆大学孔子学院由北陆大学与北京语言大学共同创办。该学院自创办以来，致力于宣传中国传统文化，并同时强调中国文化的精华应该本土化，不断提升其影响力，受到教育界人士广泛好评。十几年里，北陆大学孔子学院为教授中国语言、传播中国文化、促进中日两国的文化交流做了大量工作。2019年，北陆大学孔子学院“平成遣中使”体育交流团访华，与中国运动员共同训练，互相交流，共同提升。

（4）札幌大学孔子学院。札幌大学孔子学院由札幌大学与广东外语外贸大学共同创办。该学院除了传播中国传统文化之外，还格外强调汉语教学。中国传统文化与汉语言是相辅相成的一个整体，学好中国传统文化，有助于体会汉语言的语境，而学好汉语言，也有利于更加真切体会中国传统文化的内涵与意蕴。所以该学院注重汉语教学课程，并纳入学分考核。此外，该学院还承担了一些大学合作高中的汉语教学与体验课程。

（5）早稻田大学孔子学院。早稻田大学孔子学院由早稻田大学与北京大学共同创办。该学院与其他孔子学院不同，其他孔子学院主要以传播中国传统文化为主，而该学院以研究中国传统文化为主，要求学生进行更加深入的传统文化研究，以加深对于中国的了解，从中发现值得借鉴的内容。并且，该学院还依据人才培养规律，从入门到专业，从高中到研究生阶段制订了互动性强、环环相扣的培养计划，以期培养出能担负起“中日交流桥梁”重任的人才。

3. 韩国孔子学院发展概况

韩国孔子学院指由国家汉办委托国内以大学为主的教育机构与韩国教育机构合办的孔子学院，旨在传播中国文化，增进双方互信与理解，促进文化交往。韩国多所学校（小学到大学）已开设汉语专业，中国汉语水平考试 HSK 更是在韩国受到了广泛认可。

以下仅以创办于韩国的部分孔子学院为例进行说明。

（1）韩国外国语大学孔子学院。2009 年，韩国外国语大学与国家汉办共同创办韩国外国语大学孔子学院。该学院成立后，一直秉承“传播”“弘扬”的传统，致力于中国传统文化的各项宣传活动。在日常工作中，该学院注重对汉语教师专业素养的培育，同时要求培育一批教师，并面向校外的公众进行更为广泛的汉语言文化传播，以促进中韩文化交流与融合。

（2）仁川大学孔子学院。该学院由仁川大学与大连外国语大学共同创办。该学院以巩固中韩友好关系，发展和传承中国传统文化，广泛开展中国传统文化交流为主旨，在韩国社会形成了学习汉语言的热潮。

（3）又石大学孔子学院。该学院由又石大学与山东师范大学共同创办。山东师范大学坐落于我国山东省，由于山东省自古为齐鲁大地，与孔子具有深厚的历史渊源，山东省内关于儒家思想的研究水平较高。该学院以山东师范大学为主导，山东师范大学为又石大学提供大量儒学文化师资力量，对汉语培训、孔子课堂提供大力支持。同时，在开展汉语言培训活动时，该学院也面向中小学生开展各种丰富多彩的文化活动，促进中国传统文化的多元发展。

**（三）孔子学院的不足之处**

孔子学院经过多年发展已经在不少国家积累了丰厚的师资，一些国内哲学、历史学、政治学等相关专业的高校毕业生，决定前往孔子学院进行教学，如今他们已经承担起了孔子学院的多项教学任务。同时，国务院学位委员会办公室也已经同意在部分院校增设汉语国际教育博士点，这为未来孔子学院师资的培养与输送提供了较为充足的保障。但是，海内外孔子学院师资构成也存在一些问题。

第一，孔子学院虽然师资数量充足，但是师资质量却良莠不齐。一方面，许多教师毕业于文史专业，对于中国传统文化的相关内容比较了解，具有一定的理论知识功底。然而他们刚刚走出校门，在教学中缺乏实践经验，教学方式单一，无法做到因材施教。另一方面，许多教师从前未曾离开国门，进入海外孔子学院教学，会产生不适感，既不适应国外的生活方式，也不适应国外的气候环境，这对于教学质量有着不良的影响。

第二，孔子学院师资不够稳定，流动性较强。作为海外孔子学院教师，需要长期居于海外，也有可能辗转于不同国家，进行教学与培训活动，有些教师无法适应这种生活方式。例如，有些教师身体状况不适应经常外出，有些教师准备结婚需要稳定，也有些教师在家人的“督促”下回到故乡就业等。所以，孔子学院的教师流动情况就如同“铁打的营盘流水的兵”。

## 三 孔子学院的创新发展

孔子学院至今已经发展了数十年，随着时代变迁，经济发展，按照当初的教育模式与教学目标虽然取得了一定的成绩，但是也有或多或少的问题存在，孔子学院也面临一些挑战。为了使孔子学院在未来取得更大进步，我国相关部门必须要全面分析、统筹布局，促使孔子学院紧随时代脚步，进行创新发展，以助力构建中国传统文化在海外发展更加宽广的平台。针对上文所提到孔子学院目前的不足，我国应当作出以下革新与改变。

### （一）着力提升师资力量，打造高质量人才体系

教师是教育事业的“主力军”和“排头兵”，无论在教学事业的任何阶段，教师都充当着极为重要的角色。师资力量的强弱则体现了教师教学能力与综合素养的总体水平高低。孔子学院在世界上“遍地开花”，形成了教师“供不应求”的局面，一些孔子学院的教师并未受过专业培训，其对于中国传统文化的知识体系或许也只是一知半解，所以提升师资力量势在必行。

着力提升师资力量，打造高质量人才体系应当从以下方面入手。

1. 完善孔子学院教师人才选拔机制

在孔子学院开办之初，其教师的选拔工作尚不完善，有些教师不具备胜任这一职位的综合能力。即使具备充足的中国传统文化知识，如果缺乏教育教学能力，也无法在教学中取得良好的效果。有些教师具备合格的专业能力，但是心理素养不足，面对海外友人，无法克服畏难情绪等。所以，在教师人才选拔时要严格完善选拔标准，要全面考核教师的综合素养，包括教师的文化知识素养、心理素质、教学能力、师风师德等方面。选拔环节应当公开、透明，避免出现徇私舞弊的情况，必要时应当成立选拔监管小组。

2. 完善孔子学院教师人才培训机制

孔子学院的教育教学具有特殊性，与一般的教学不尽相同。一方面，孔子学院坐落于海外，教师要常年在海外生活工作，与家人相聚的时间减少；另一方面，孔子学院的教学内容主要为中国传统文化与汉语言，这些内容在一定程度上成为中华民族的“名片”，如果在教学中出现失误，其影响不仅限于学院之内，很可能会被“发酵”，产生更大的不良影响。所以，在孔子学院的教师上岗之前，必须要对其进行科学合理的培训。培训内容应当尽可能全面，要包含国外生活方式、生活礼仪，也要包含教学方法。例如，美国孔子学院教师的培训要包含西方礼仪，包括美国特色的握手礼、亲吻礼，也包括美国人饮食上的禁忌，等等。

3. 完善孔子学院教师人才考评机制

“没有规矩，不成方圆。”对于孔子学院的教师来说，较为严苛的考评机制反而能够在一定程度上激发他们的工作积极性，促进他们将教学工作与文化传播工作做得更加出色。要科学设置考核指标，这是发挥考核作用的前提保障。指标设计既要有共性指标，也要有“量身定制”的差异化指标；既要突出实绩考评，也要注重道德考评。

**（二）大力进行教学创新，构建多元化教学体系**

创新是一个永恒的话题，其重要性自古便有所体现。在我国古代，诸多“思想巨人”都曾谈论过“创新”的问题。《诗经》中有“周虽旧邦，其命维新”，是说周虽然是旧的邦国，但是使命在于革新。《礼记》中有“苟日新，日日新，又日新”，是说如果一天内能更新自己，就应该日日更新，每天都不间断。可见，古人已经意识到变化与创新的重要性。

如今人类社会已经发展至 21 世纪，各领域事业都发生了重大转变，教学事业同样如此。虽说固有的传统教学方式不应完全退出舞台，但是也应当在其中加入创新教学元素，以充实课堂教学模式。

1. 融入全新教学方式，激发学生学习的积极性与创造性

例如，多使用启发教学法、自学辅导法、合作教育法、多媒体教学法、情景教学法等。其中，多媒体教学法与情景教学法较重要。孔子学院建立于海外，而教育内容却以中国传统文化与汉语言为主，孔子学院的学生在海外无法切身体会中国传统文化博大精深之所在。这时就要借助多媒体技术，结合视、听、触等多种感官，对学生进行教学刺激，以促进他们产生关于中国传统文化的整体感受。例如，运用虚拟现实（VR）技术播放中国传统文化视频等。情境教学法也是帮助海外学生更好地了解中国传统文化的重要手段。我国传统典故多如牛毛、浩如烟海，如“愚公移山”“亡羊补牢”“卧冰求鲤”“滥竽充数”“精忠报国”等。如果仅灌输式授课，海外学生无法体会中国传统典故中的精妙之处。教师可以通过情景演绎法，使情景再现，才能达到最佳教学效果。

2. 突出以学生为主体的教学理念

教学活动要以学生为主，改变以往以教师为核心，所有学生将焦点集中于教师一人的传统模式。形成以教师为主导，以学生为主体，把以教师灌输为主的教学方法转变为以学生参与为主的教学方法，调动学生学习的积极性和主动性，采用多种教学方法，最大限度发挥学生的潜能，实现教学质量的提高。

3. 促进教学内容的创新，提高课堂互动性

教育内容除了要包含中国传统文化与汉语言之外，也要适当加入“新元素”。这既有利于提升学生的学习积极性，又有利于拓展教育内容，构建更加丰富多样的教学知识体系。例如，既讲解中国传统文化的起源，及其在古代社会的发展脉络，又讲解中国传统文化在当代中国所进行的变革与创新，使得孔子学院的海外学生能够从更加完整宏大的维度了解中国传统文化的“前世今生”。

## 第三节　孔子学院的教学对象与教学方式

### 一　孔子学院的教学对象

一般来讲，孔子学院的教学对象主要分为海外华人和外国友人。第一类为居于海外的华人，第二类为对中国文化具有浓厚兴趣的外国友人。对教学对象的分析是进行语言教学的第一步，教学对象汉字文化背景、外语学习的经验、中文学习时间等以及学生的性格、学习动机等各个方面，都是影响学生学习中文的重要因素。而教师根据不同类别、不同需求的学生群体，也能够有针对性地进行教材和教学内容的选择与调整，更好地实现“以学生为中心”的教学原则，促进教学质量进一步提升，使中国文化的影响范围进一步扩大。

**（一）海外华侨**

居于海外的华人数量众多。据统计，居于海外的华人数量已近1亿人，占世界总人口的1/70。数量如此庞大的华人常年居于海外，他们已经习惯了国外的思维方式与行为习惯。然而，由于中国传统文化具有旺盛的生命力与强烈的乡土特征，他们也难免在旅居海外的过程中产生强烈的思乡之情。在国外，华人无法真切体会中华民族传统文化的魅力，无法见到日思夜想的祖国，他们中的许多人认为，接触中国传统文化或许意味着与祖国的距离更近一步，于是对于中国文化有着更多的需求。

另外，海外华人中的一些人，在各自领域具有一定建树和成果。培养他们对于祖国的文化认同感与文化自豪感，对于我国未来的发展与文化的传承都具有相应的作用。“成功教育培养出来的华侨华人，不仅是将来海外华人世界的栋梁，同时也将是致力于中外亲善的桥梁式人物和支持中国改革开放与经济发展的中坚力量。”① 所以，在孔子学院传播的受众之中，海外华人应当占据较大的比例。

华裔学生的汉语学习的特点，一是听说比读写领先。一些华人华侨，特别是青少年儿童，受家庭生活环境的影响，父母或华人朋友聚会时有大量的中文输入，因此在听说方面特别是听力方面的问题不大。但在发音时候，因为受目的语的影响，和目的语国家的学生一样会出现语音语调的问题。例如，唇齿音（f）和舌根音（h）：绘画—废话、梅花—没办法。舌尖前音（zhi，chi，shi）和舌尖后音（z，c，s）：十四—四十、世纪—四季。鼻音（n）和边音（l）：大路—大怒、脑子—老子、年年—连连。送气音和不送气音：肚子—兔子。日本华裔儿童与日本人学习汉语的发音问题是一样的。二是词汇量较大。华裔学生虽然没有接受过正式的汉语学习，但受家庭日常生活环境的影响，掌握的词汇量依然较大，并不断更新。三是在语法方面，说出的句子大多符合语法规则，但受目的语影响，有时依然会出现偏误。而且书写或论述的能力不足，对连贯性较强的作文或报告的书写来说难度依然较大。四是对中国文化更容易理解和吸收。语言是中国文化的一部分，同时在日常生活中潜移默化的家庭氛围让华裔学生对中国文化的理解更加容易。

**（二）国际友人**

改革开放以来尤其是进入 21 世纪之后，我国对外开放的步伐逐渐加快，世界各国与中国联系日益紧密，越来越多的国际友人开始接触并了解中国文化。一些国际友人为悠久丰富的中国传统文化所折服，期望有更多机会和途径学习中国传统文化，加深对于中国传统文化的了解，这些人是海外孔子学院的重要培养对象。

学习者的个体差异是影响第二语言习得的重要因素，因此面对不

---

① 戴蓉：《孔子学院与中国语言文化外交》，上海社会科学院出版社 2013 年版，第 50 页。

同地域和国家的学习者，首先需要考虑和了解学习者的不同特点。需要考虑到的方面包括：有无汉字文化背景、有无学习第二语言经验、学习汉语的动机、计划学习汉语的时间长短、性格等。一是有无汉字文化背景的学生在学习汉语时有着不同的特点。如日韩学生因为有汉字文化背景，因此在汉字识记、书写方面相对无汉字文化背景的学生来说比较容易。而且同形近义、同形同义的字词在日韩中占比不小，因此也更容易记忆。但由于民族性格的原因，在口语表达上日韩学生更为内敛，而欧美国家的学生更愿意表达，因此欧美国家学生听说比读写要进步明显。二是有无第二语言学习的经验也会影响汉语的学习。有第二语言学习经验的学生，会更容易利用自己熟悉、有效的学习方法和学习策略进行汉语学习，将新的知识和原有的知识联系起来。三是学习者的学习动机直接影响着汉语学习者的学习态度。如果学习者学习目的在于获得经济实惠等“工具性动机”，那么在事情完成后学习的动力就会下降，无法进行长期学习。如果学习者是对目的语社团感兴趣，希望更加了解或融入该社团的社会生活的“融合性动机”，则更有利于长期的语言学习，不断进步。四是计划学习汉语的时间长短，这其实和学习者的学习动机紧密相连。教师需要了解学习者的学习需求，是希望通过短期培训具备一定的日常沟通能力，还是工作要求进行商务汉语的学习，抑或是暑期兴趣班。根据学生的不同需求，选择合适的教材，进行针对性的教学。

孔子学院以中国传统思想、中国语言为主要传播内容，力图使海外友人更加深入地了解中国，文化传播与教育培训应当注意如下两点原则。

第一，言传身教，杜绝形式。注重言传身教，引发共鸣，而非照本宣科，形式主义。国际友人的生长环境与思维方式与中国大相径庭，直接对其讲解复杂高深的传统文化理论，很容易使课程枯燥乏味，国际友人也会因此“打退堂鼓”。要把教学内容寓于日常的行为与活动之中，尽力与受教育者实现更加真实与亲切的交流，以引发其内心共鸣，使受教育者由内而外真正认可中国，喜欢中国。

第二，文化包容，打破隔阂。宣传文化包容，打破文化孤立。文化交流与发展，文明的互鉴与融合已经成为时代主题。一些人更习惯性地认为文化属于各自民族，具有各自的特性，具有难以逾越的屏障。事实上，文化应当多样，应当包容。对于海外群体的教育活动应当“努力让他们建立一种更加开放、更加包容、更加富裕灵活变通的文化胸怀”[①]。通过这种方式，可以真正提升海外人群对于中国文化的认可度。

## 二 孔子学院的教育方式

为了增强孔子学院的教育效果，为广大汉语爱好者提供更切实的帮助，更为了提升中国文化的海外影响力，孔子学院应当致力于构建更加科学化、体系化的教育平台。

### （一）打造新媒体教育平台

新时代，新媒体技术的发展日新月异，其已经融入人类社会发展与人们日常生活的方方面面。在教育事业中尤其是孔子学院教育教学更应当注重新媒体技术的运用，以打造更为丰富、多样的教育平台。

传统的教育模式已经不能完全适应当代社会，也无法完全适应孔子学院的海外教学。例如，一些国际友人并未来过中国，并未亲身体验和感受过中国传统文化。如果对他们运用常规教学方式（单向灌输式、填鸭式），只会引发他们对于学习内容的厌烦情绪。如果适当运用新媒体技术，从他们的视觉、听觉等方面同时加以影响，则能够实现事半功倍的教育效果。例如，开发基于网络、多媒体、广播等平台的多种新型教学资源。又如，多举办“中国文化知多少”相关比赛与

① 戴蓉：《孔子学院与中国语言文化外交》，上海社会科学院出版社 2013 年版，第 52 页。

活动，并通过媒体进行宣传，不仅能够激发国际友人学习中国文化的积极性，还能够进一步提升中国文化在海外的影响力。

**（二）开创文化融合教育方式**

由于一些国际友人并未亲身前往中国，他们对于中国的了解与认知仅停留在视频和书本层面。即使对他们进行中国文化的讲授，并且加入适当的新媒体教学方式，也仍存在着一些问题。例如，他们无法在海外感受中国文化对于现实生活的引导作用，中国文化仍然停留于“虚无缥缈”的层面，缺乏实际性。

所以，应当开创文化融合教育方式，即促进中国文化与当地文化融合，给当地文化注入中国文化的内容，促进中国文化在海外的本土化、现实化发展。这不仅能够使国际友人切实感受到中国文化对于其日常生活的影响，还能够促进中国文化在海外“落地生根”，促进中国文化在文化融合中不断创新和发展。

# 第二章 “行云流水”

## ——中国书法在海外的传播及影响

## 第一节 中国书法概述

世界上各民族、各国家多有其特有的文字体系，然而，真正把文字这种“工具”发展为书法艺术的中国是其中之一。可见，中国的书法文化在人类社会弥足珍贵。中国书法是一门以中国古老汉字为主体的古老书写艺术，其最早产生于我国商朝时期，经过了甲骨文、金文、大篆、小篆、隶书、草书、楷书、行书的演变。中国书法虽经历岁月的洗礼，却历久弥新，成为中国传统文化的代表性艺术体系。

### 一 中国书法起源

中国书法之所以能够成为一门艺术，与汉字本身的性质、汉字书写的工具、中国人特有的思维方式均有所联系。

第一，中国文字与西方文字不同，西方文字为表音文字，各个字母均只具有表达读音的作用，而无法通过其外形、写法表现出书写者想要表达的内在含义。而中国文字为象形文字，属于一种表意文字。对汉字尤其是古汉字，人们往往能够通过字形分析，而大致得知该汉字所表达的含义。例如，“国”字的繁体写法为“國”，“國”包含大

“口”“戈”和小“口”，分别代表着国土疆域、护国士兵、人民。又如，甲骨文“鱼”的写法如图2-1所示。

**图2-1　甲骨文“鱼”**

通过看“鱼”的字形，即使从未学过甲骨文，从未学过汉字的人，也能通过其外形大概猜测含义，这便是中国表意文字最大的特点。这种文字的构成比较丰富，富于变化，每一笔、每一画都有所联系，书写过程给人们艺术的创作提供了可能性。

第二，中国文字在书写时具有比较严格的要求。原始社会末期形成的符号、图像等均以树枝、石头所刻画，由于这时尚未形成书法，暂且不论。自中国进入奴隶社会尤其是封建社会以来，人们书写时都要使用毛笔，可以说，毛笔在春秋时期已经为我国的文人广泛使用。毛笔的材质比较多样，有硬毫笔、软毫笔、兼毫笔，其工艺也有长锋、中锋、短锋之别，即使是同一种笔，也有不同的书写方法。所以，运用毛笔书写汉字，具有极强的创造性和表现力，这也为书法艺术的产生打下了基础。

第三，中国古人注重心境、注重写意，这种固有的思维方式在中国传统书法与绘画艺术中表现得淋漓尽致。纵观我国历史，无数文人墨客纵情山水、精于诗画，他们往往寄情于景、情景交融，把自己的情感与景色相结合，由此创作出无数的名篇佳作。同时，中国古人传统思维方式较为内敛、保守，不擅长将情绪表达出来，而习惯借物抒情、借景抒情，把感情寓于书法创作上，无疑是一件最符合中国传统观念之事。

综合以上三点因素，中国书法便在华夏大地应运而生，在经历了数千年的发展之后，形成如今人们所看到的模样。

## 二 中国书法简史

中国书法的发展经历了漫长的过程，并在不同时代留下了各种作品，成为人类文明宝库的精华。

### （一）先秦书法

先秦时期包括夏朝、商朝、周朝等历史阶段，考古学家根据史料考证，我国虽然于夏朝之前就已经出现许多陶器上刻画的符号，但是这时的符号最多只具有标记、提醒、铭记等作用，不具有书法的美感、意境等特征，所以不应算作书法。为学术界公认的我国最早的古汉字资料，是商代中后期（约公元前 14 世纪至公元前 11 世纪）的甲骨文和金文。这一时期的文字已经具有了书法所包含的基本特征，如线条美、单字造型的对称美、变化美、章法美、风格美等。这一阶段保存的主要作品有殷商时期的甲骨文，西周时期的大盂鼎铭文、毛公鼎铭文、散氏盘，以及东周的石鼓文等。

### （二）秦朝书法

经过了春秋战国时期的文化大繁荣与大发展之后，秦始皇命李斯统一文字、统一度量衡，使中国的文字走向统一，这时汉字发展为小篆。隶书的出现是汉字书写的一大进步，是书法史上的一次革命，不但使汉字趋于方正楷模，而且在笔法上也突破了单一的中锋运笔。这一时期的主要作品有泰山刻石与云梦睡虎地秦简，前者雕刻于泰山崖壁，也被称为“李斯碑”，后者记载了秦朝的法律、医学、军事、政治等文化，给后世研究秦朝历史提供了宝贵的资料。

### （三）汉朝书法

汉朝时期，中国书法在其发展史上变化最大，书法种类多样，先由籀篆变隶分，由隶分变为章草、真书、行书，至汉末，我国汉字书体已基本齐备。此外，这时的笔法也日臻成熟，大量书法家对笔法进行了深入研究与实践，师宜官、王次仲、杜度、史游、崔瑗、蔡邕等人均在一定程度上发展了传统书法艺术。在东汉末年，隶书十分完善，并为西晋及其之后的行书与草书打下基础。这一时期的主要作品有马王堆帛书、西狭颂、埔阁颂、张迁碑、鲜于璜碑、礼器碑、曹全碑等。其中，尤以马王堆帛书为重，其不仅包含汉朝书法的演变历程，也为人们研究汉初历史提供了真实参考。

### （四）魏晋南北朝书法

魏晋南北朝是我国书法发展历程中承上启下的阶段，既承袭了秦汉时期的书法艺术，又开启了唐朝书法繁盛时期之先河。魏晋时期，真书、行书、草书得以定型，同时，集传统书法艺术之大成的钟繇与王羲之也于此时出现，此后历朝历代乃至日本、朝鲜等国，莫不宗法“钟王”。南北朝时期，石刻碑文有了较大发展，北朝书法以碑刻为主，北魏、东魏最精，风格十分多样，表现极为丰富。南朝书法继承了北朝书法优点，优秀作品竞相涌现，一时间形成了书法文化鼎盛局面。这时的主要作品包括爨宝子碑、爨龙颜碑、郑文公碑、始平公造像记、张猛龙碑、石门铭、瘗鹤铭、张黑女墓志铭、泰山金刚经等。

### （五）隋唐五代书法

公元 7 世纪初，唐高祖李渊结束了我国几百年来的战乱局面，开创了大一统的唐朝。唐初，为了巩固统治，维护社会安定，唐高祖李渊与唐太宗李世民均注重发展经济力量与军事力量，积累了大量物质财富。到 8 世纪尤其是唐玄宗开元盛世时期，唐朝的国力达到空前鼎盛的阶段，其文化与外交也是“前无古人，后无来者”。这时，我国的书法文化也达到极盛，初唐书法大家有虞世南、欧阳询、褚遂良等，此后有颜真卿、柳公权、释怀素等。另外，诗人李白也是一代大书法家。

五代十国时期，虽然唐朝统治已经四分五裂，曾经的辉煌已经不再，但是书法文化却一直保存并流传下来，这时也出现了杨凝式、彦修等书法大家，对书法文化的发展起到了一定的推动作用。

**（六）宋元书法**

宋朝时期书法艺术发展缓慢，宋太宗赵光义留意翰墨，购募古代帝王名臣墨迹，命侍书王著摹刻禁中，厘为十卷，这就是《淳化阁帖》。之后，亦有各种翻刻帖。长期帖道大行，造成了书法衰颓之势。不过这时仍出现了一些著名书法家，对于宋朝之前的书法文化进行了继承与弘扬，如蔡襄、苏轼、黄庭坚、米芾、赵佶等。

元朝，为蒙古族所统治，由于蒙古族为少数民族，是马背上的民族，其文化脉络不如汉族悠久和丰富，所以他们强调学习汉文化，以充实本民族文化。例如，元文宗常在奎章阁欣赏书法名画，书法一度出现兴盛局面。总的来讲，元朝书法的进步和发展体现在真行草书方面，但是在其他方面尚未有明显进步。这时的主要作品有《赵孟頫书仇锷墓碑铭》《汲黯传》《福神观记》《唐诗草书卷》《临神仙起居帖》等。

**（七）明清书法**

明朝也曾盛极一时，这一时期帖学盛行，作品较多，行楷有了一定的发展。然而明朝的书法文化在整体上没有过多实质性的进展，基本没有创新与突破。清朝虽历时仅为 200 多年，比明朝短 100 多年，但是其书法文化的发展水平要远远高于明朝，可谓“书法中兴”。清朝初年，为了缓和阶级矛盾与民族矛盾，统治者采取稳定性的政治举措，民众的徭役赋税均较低，人们有更多的时间与精力进行书法创作。

同时，清朝历代皇帝大多喜欢书法，如顺治、康熙等，他们也引导当时大量官员等对于书法的普遍追求。纵观清朝时期，书法文化取得重大发展，不仅继承了前人的成果，还挽回了宋朝之后我国书法文化每况愈下的局面，涌现出大批书法家。例如，傅山、石涛、朱耷、郑燮、金农、邓石如、伊秉绶、陈鸿寿、何绍基、吴熙载、赵之谦、吴昌硕、李瑞清、康有为、刘墉、王文治、王铎、包世臣等。

## 第二节　中国书法在东亚的传播及影响

### 一　中国书法在日本的传播与影响

中国书法在不断发展的过程中，也时刻影响着其他国家书法的发展。在东亚地区，受到我国书法文化影响最大的便是日本。日本一般不称其为书法，而称为书道。据记载，17 世纪时日本才出现“书道”这一称谓。

#### （一）日本书道的产生

据《日本书纪》记载，公元285年百济国为日本进献《论语》与《千字文》，此为日本吸收和学习中国文化的开端。自此之后，中国传统儒学文化与书法文化开始在日本蔓延。也是在这一时期，中国对于印度传入的佛教典籍进行了大规模的抄写与翻译，在这些摹本中则体现出丰富的中国书法艺术。

之后，大量的汉译佛经传入日本，日本在看到中国所书写的大量佛经之后，也开始效仿和普及中国汉字与中国书法。自此，中国书法文化便已经开始在日本产生影响，不过此时影响较小，并未形成大规模的学习汉文化“热潮”。

随着佛教思想与汉译佛经在日本的广泛传播，日本的统治阶层也逐渐注意到并时时模仿中国书法。例如，圣德太子十分喜欢佛学思想，时常独自观看佛经，在耳濡目染之间，对中国传统书法文化产生了浓厚的兴趣，于是他便经常抄写佛经，模仿中国书法的写法与笔画。圣德太子曾亲自抄写的《法华义疏》便是当时留下的一篇佳作。“该作品受中国六朝时代的书法风格影响极深，成为现存日本最早期的书法墨迹，被日本书法界称为日本书道史上的第一块里程碑。可以说，佛教的传播为中日书法交流创造了良好的条件，日本书道从此进入萌芽发展时期。”① 之后在多年的发展中，日本不断吸收和模仿中国书法文化，也取得了一定的进步与突破。需要注意的是，此时日本虽然学习和借鉴中国书法，但是并未形成体系化的“书道”。

**（二）日本书道与中国书法**

中国书法在日本历史上的传播大致可以分为四个阶段，分别为平安时代，镰仓、室町、桃山时代，江户时代，明治、大正时代。

1. 平安时代

（1）平安早期。日本初见中国书法文化，并初步吸取中国书法“养分”，将其运用于日本文字当中。此时出现了三位较为著名的书法家，分别为空海、嵯峨天皇、桔逸势，并称为“三笔”，尤以空海文笔突出。他吸收“书圣”王羲之书法之精华，创造了自己独特的书体。

（2）平安中期。日本与中国出现了一段时间的“交流空窗期”，这时虽然中日之间交往中断，但是中国书法的影响犹在。日本出现了小野道风、藤原佐理、藤原行成三位大家，并称“三迹”。

（3）平安后期。中国宋朝个性的书风传入日本，并产生广泛影响。日本书法开始形成了奔放、流畅、飘逸、多样的书风。

总之，平安时代日本吸收和借鉴唐宋书法精华，在该领域取得了较大发展，还创造出假名文字，影响深远。

2. 镰仓、室町、桃山时代

在这一时期，中国各种书法文化与作品大量传入日本，并促进日本书法风格产生多种变化。

在早期，黄庭坚书法传入日本，其特征为刚硬、豪迈、苍劲，这

① 李静：《浅析日本书道与中国书法的渊源及区别》，《兰州教育学院学报》2012 年第 5 期。

使得日本书风也向刚健之风转变。日本社会中出现大量刚劲书风，这与当时注重阳刚、武力的武家风范相一致。

在后期，中国佛教思想大量传入日本，净土宗、真宗、禅宗产生广泛影响，日本书法开始模仿“禅宗风格”。同时，苏轼与赵孟頫的作品传入日本，苏轼书风飘逸恣肆、率性天真，具有很强的灵动美感，这对日本书法的风格发展产生了较大影响。

3. 江户时代

这一时期是日本书法发展史上的重要节点，这时日本真正产生了“书道”，奠定了日本书法的地位。江户早期，日本出现了近卫信尹、木阿弥光悦、松花堂昭乘，并称“宽永三笔”，他们的书风包含强烈的个人表现欲，字体不拘一格、别具特色。江户中期，中国高僧隐元率弟子东渡赴日，大力宣传弘扬佛法，同时也将苏轼等名人佳作带到日本。江户后期，高僧圆严、良宽、慈云等进一步传播中国文化，日本书道再度掀起唐风热潮。

4. 明治、大正时代

在这一时期，日本的中国书法文化发生了戏剧性的转变。1868 年由于江户幕府倒台，许多日本学者希望效法西方，学习西学，于是日本对于中国文化与书法文化弃之不顾，书法文化一度衰落。1880 年，清朝学者杨守敬携带汉魏六朝晋唐碑帖赴日，日本民众受此影响较大，再度对中国书法文化产生兴趣。此后，日本书道界开始对我国传统书法文化各书体进行长期广泛研究。

时至今日，我国书法依旧对日本书道产生着持续性影响，中日时常开办书法交流会，会议双方就书法文化进行沟通与交流。例如，2010 年北京书法院与日本产经国际书会共同举办书法交流展，此次展出的中日两国书法家的 75 件艺术精品，展示了中国书法这一经久不衰、古老独特艺术的魅力。2012 年 7 月，中国书画家艺术团赴日进行艺术交流，向日本群众大量展现中国传统书法艺术的魅力，并教日本中小学生及书法爱好者学习写中国的“和”字。2017年，中日书法家交流鉴赏会在东京举行，进一步增强中国当代书法艺术对于日本的影响。

可见，从古至今中国书法一直持续影响着日本。从促进其书道文化体系的产生，到影响其书道文化的发展方向，再到如今书法形式的传承与弘扬，无不彰显中国书法的“影子”。

## 二 中国书法在韩国的传播与影响

在韩国，书法文化也经过了长期发展，并具有深厚的历史积淀，其在发展与演变中受到中国书法文化影响颇深。韩国书法一般被称为“书艺”，为了便于理解与论述，以下暂以“书法”代替。

古时韩国统治阶层与贵族对于中国书法很感兴趣，这在韩国出土的文物中得到佐证。考古学家发现，韩国曾出土大量中国战国时期的明都钱、布都钱，以及大量汉文史料，可见，在公元前2世纪至公元3世纪，中国文化已经传入韩国。并且，在韩国的许多史料中均可发现韩文与汉字混用的现象，这进一步表明汉字对于韩国的影响较大。直到1948年韩国颁布《韩文专用法》，汉字才逐渐退出了韩国的“舞台”。

韩国书法的起源可以追溯至韩国的“三国时代”，此时韩国“三国并立”，包含高句丽、新罗、百济。这时的韩国处于分裂与动荡之中，不仅内部有诸多纷争，外部也时常受到日本的侵扰。所以韩国的书法文化发展速度并不快，书法种类也较为单一，不过已经有了书法文物的留存。例如，韩国曾出土公元414年所篆刻的汉字碑文，石碑高6.4米，刻有1800个汉字的碑文，字体棱角分明，颇具“方块字”之风。

### （一）新罗时代

公元676年，韩国进入新罗时代，此后朝鲜半岛维持了百余年的安宁与繁盛，并且与当时正处于上升期的唐朝保持着密切联系。此时的中国唐朝涌现出大批的书法巨匠，包括欧阳询、虞世南等，在与唐朝广泛的交流中，韩国的金生、崔致远等广泛学习中国传统书法，吸收书法文化精华，发扬行草书。此时，韩国书法形式主要表现为行草书与方正体两种。此后百余年，虽然韩国书法在中国唐宋时期的变迁中也产生了一些变化，但是以方正的欧阳询体为主。

**（二）高丽时代**

公元 877 年，韩国进入高丽时代，高丽时代基本延续新罗时代的书法艺术，并对欧阳询体进行了改造与创新。这一时期韩国效仿中国，通过科举的方式进行文官选拔，考生需要撰写一篇比较完整的文章，文章中文字的美感自然也成为考官需要审视的部分。于是，大批学生士人开始广泛习练书法。同时，由于李唐时期中国佛教盛行，大量佛经由中国传入韩国，韩国统治阶层同样受到佛教文化影响，统治者命人大量临摹当时的重要佛经，通过不断地抄写，韩国也在不断地模仿中国的书法。这时期留存下来的各种墓碑、佛经便见证了这一点。

公元 1350 年，元朝书法大家赵孟頫开创灵动隽雅书写方式，这一书体在传入韩国之后引起了巨大反响，当时韩国一些热爱中国书法的人士纷纷效仿赵孟頫字体，兴起了“赵体热”。对于书法的热爱，致使韩国积累和保存了大量具有较高价值的历史文物，然而由于 16 世纪日本丰臣秀吉的大规模入侵，双方开展了耗时 7 年之久的战争，韩国损失惨重，不仅大批民众与士兵失去了宝贵的生命，大量的书法文物也消失殆尽。因此，属于那场战争以前年代的残存的书法作品现在不到 20 件，这对于韩国书法文化的延续与传承是极大的打击。

18 世纪末期部分韩国官员追随清朝使臣进入京城，与当朝官员、文人墨客广泛交流，学习中国文化，并对当时中国传统的文献典籍、文人墨迹进行临摹，韩国书法开始重新发展。一方面，韩国广泛学习以王羲之为代表的正统书风；另一方面，也有部分学者与书法爱好者十分喜好颜真卿等人颇具创造性的个性化字体，两种书法形式在韩国取得长久发展。

进入19世纪，韩国书法有了进一步发展，在此基础上出现了一批对于书法艺术较为狂热的书法家，他们以清朝书法文化为榜样，在京城进行学习，其中最具代表性的当属金正喜。金正喜开创了韩国书法的又一高峰，带领众多书法爱好者取得了韩国书法的重大发展。他的书法植根于中国隶书，笔触强劲而有力，字体充满活力，极为生动。20世纪初期，韩国曾举办“朝鲜书画美术协会展览会”，这提高了当时韩国人民对于书法文化的喜爱程度与认可程度，促进书法进一步发展。

## 第三节 中国书法在东南亚的传播及影响

### 一 中国书法在越南的传播与影响

越南属于东南亚地区颇具代表性的国家，与我国有着深厚的渊源。多年来，中越两国一直保持着广泛交流，这不仅包含政治交流，也包含文化交流。书法便是其中有代表性的文化元素，在越南得到了十分广泛的传播。

公元1世纪，我国正处于东汉时期，这时虽然不如西汉前中期强盛，但是汉朝的总体实力仍然不容小觑。所以周边诸国仍然臣服于汉朝，并与我国广泛展开贸易与文化往来。这一时期，中国儒家的各种典籍、各种制度相继传入越南。传入之后，越南赞叹中国文字与书法的博大精深，并开始进行学习。此后，汉字开始在越南得到广泛应用，越南出现了许多汉文书法家。

公元11世纪至15世纪，越南曾出现许多运用楷体书写的官文和个人著作，除去已经失传的著作之外，仍然有30多种可以于典籍之中找到记录。公元15世纪之后，越南又出版大量史地、诗文、传记、经书等，共计100多种，而以上各种文献均以汉文楷体书写，足见中国汉字与书法对于越南的影响之大。

近代以来，越南本地文化与文字也有了较大的发展，但是其书法界仍然对于中国书法给予极高的评价，仍然有相当数量的越南文学家与书法家创作中国旧体诗文，并且较为擅长中国碑帖。例如，越南革命领袖黄文欢就在中国文学与书法艺术方面具有较高的造诣。

## 二 中国书法在马来西亚的传播与影响

在东南亚各国中，马来西亚是华人较多，并且受到中国影响较大的国家之一，华人文化甚至已经成为该地区较为突出的文化现象。

公元 15 世纪，西方刚刚进入大航海时代，我国明朝也开始了航海活动，在这一趋势下，中国商人曾经到达马六甲一带，并进行贸易活动。据记载，当时中国航海使团曾以丝绸、茶叶、陶瓷等作为交换物，换取东南亚地区的香料、地毯等物品。随着航海技术不断发展，中国与海外国家的贸易往来越来越多，这也使得国家之间的文化交流增加。

公元 19 世纪，马来西亚处于英国的殖民统治下，其种植业与采锡业取得了较大发展，要进一步拓宽发展领域，就需要大量的劳工。于是，英国开始向中国“招聘”员工，大量华人进入马来西亚务工，这进一步加强了中马两国的文化交流。不过，这时来到马来西亚的华人多数并未读过书，对于书法文化的传播意义不大。

到了 20 世纪，中马两国的书法文化交流开始进入重要时期，康有为、孙中山等人都把马来西亚作为重要的活动基地，在此创办报刊、兴办学校。受此影响，一些国内的有志青年前往马来西亚，他们具有较高的文化素养，在东南亚传播了大量的书法文化。

进入 21 世纪后尤其是 21 世纪中叶，中国书法文化取得了更大发展，一方面，马来西亚成立了一些美术学院，美术学院不仅进行美术教学，也传播书法文化；另一方面，一些中国的文学家和书法家进入马来西亚。例如，孔祥泰曾于马来西亚执教多年，对马来西亚文学与书法的发展起到了巨大的推动作用。

如今，中马两国的交往日益密切，两国在各领域的交流不断加深，马来西亚也越来越重视中国的书法文化。例如，马来西亚创办华人小学，要求小学生从三年级开始就要学习写毛笔字，要求初中会考加入书法考试等。

另外，东南亚地区的学者也对中国书法的发展历史与其他相关内容产生了广泛的关注。他们从多个角度出发，对中国书法进行研究，也曾发表具有一定学术价值的文章与著作。同时，近年我国与马来西亚的书法交流活动也是层出不穷。例如，2018 年 10 月，“百位中国书法博士作品邀请展”在马来西亚举行，展出作品共计 127 幅，分别由上百位在北京师范大学、中央美术学院、西安美术学院等高等院校获得书法等专业博士学位的书法家创作完成。展览涵盖了草书、行书、隶书、楷书、篆书、甲骨文等。又如，2020 年，马来西亚书法爱好者曾组织活动，集体撰写“武汉加油”书法，为中国加油等。

总之，中国书法对于马来西亚的传播与影响已逾百年，随着两国交往不断深入，相信两国会在书法文化不断交流中，赋予中国传统书法更多的生机。

# 第三章　“华夏瑰宝”

## ——中国文学在海外的传播及影响

## 第一节　《诗经》在海外的传播及影响

### 一　《诗经》简介

“关关雎鸠，在河之洲，窈窕淑女，君子好逑”，此十六字为世人所熟知。然而，并非所有人都知道此十六字的出处为《诗经》。《诗经》为我国古代诗歌的开端，承载了大量民族记忆，深刻展现了先秦时期的社会面貌，它不仅是一部诗歌典籍，更是人们研究中国传统文化与古代历史的重要参考。

**（一）《诗经》的基本内容**

《诗经》主要包含三部分内容，分别为《风》《雅》《颂》，这三部分各有其特色，各有其所主要表达的内容与含义。

1. 《风》

《风》一般是中国各地的民歌，民歌多为对于爱情、劳动的歌颂，对于欺压的怨愤，对于故土的思念等。其中包含十五个地方的民歌，如陕西、河北等地。

2. 《雅》《颂》

《雅》《颂》常为祭祀用歌，《雅》包含《大雅》与《小雅》。古人由于生产力水平较低，对于自然、猛兽等怀有恐惧心理，希望通过祭祀来获取庇佑，所以祭祀在古时较为重要，《雅》则是由此而编写的祭祀诗歌。虽然祭祀之事和神鬼之说与无神论和唯物论的思想相悖，但是这无疑也为人们提供了了解古人生活方式与思维方式的路径。

纵观《诗经》，《风》的数量最多，为160篇，明显多于《雅》与《颂》。《雅》有105篇，《颂》有40篇，共计305篇。所以，根据《诗经》的总篇数，人们又常称其为"诗三百"。

《诗经》作为我国较为古老的诗歌典籍，具有极强的现实主义色彩。例如，《魏风·硕鼠》"硕鼠硕鼠，无食我黍"，将统治者比作"硕鼠"，以此表达民众对于统治者长期压迫的不满，以及对于美好生活的向往之情。

**（二）《诗经》的意义与价值**

1. 历史价值

《诗经》记载了大量西周至春秋时期的真实事件，生动还原了当时中国社会的基本面貌。由于其作者并非一人，也并非出自具有绝对权力的统治阶级之手，所以内容具有一定的客观性、真实性、可靠性，避免了统治阶级为了美化自身形象而进行虚假记载的情况。例如，《国风》中的《豳风·七月》《唐风·鸨羽》《豳风·东山》均表明了普通劳动民众对于当时社会的不满。《秦风·无衣》《墉风·载驰》则表现了古人强烈的爱国情怀。这些全面生动的记载，还原了当时的社会历史事件，对于人们研究中国先秦时期的历史具有极为重要的参考价值。

2. 文学价值

《诗经》最大的特点在于其写实性，同时，其文学艺术性也不容忽视。在《诗经》产生之前，其实已经有了诗歌，但是当时的诗歌尚无固定的体式，其含义也仅仅停留在浅层，缺乏更加深刻的寓意。而《诗经》不仅在体式上有了创新，在内容表达上也极具文学创造性。

第一，《诗经》以四言为主，如"岂曰无衣？与子同袍。王于兴师，修我戈矛。与子同仇！”这种写作手法使得诗歌对仗工整，也使读者获得视觉上的享受。另外，这种结构极具节奏感，句句铿锵。同时，文字构成多为重章叠句，注重押韵。

第二，《诗经》的修辞手法较为丰富，主要包含赋、比、兴，赋能够将事物完整全面地表达出来，比能够以比喻的手法表达内在感情，兴即借用联想表达感情。总之，以上内容均为先秦时期文学创作的典型艺术手法。

3. 社会文化价值

《诗经》之中包含大量人文思想，包括“和谐”“爱国”“人本”等，这些宝贵的思想恰恰与我国当代的社会主义现代化建设目标不谋而合。可见，保护与发扬《诗经》文化，有助于促进社会向更加和谐稳定的方向发展。

## 二 《诗经》在亚洲的传播与影响

《诗经》作为中国古代著作之一，不仅对于我国具有重要的意义，对于海外其他国家也有一定的借鉴意义。因此，在历史上，其他国家通过与我国的广泛交流，也对《诗经》中所包含的优秀文化进行学习与吸收，其中，尤以东亚各国为主。例如，在朝鲜《诗经》是读书人士必须要学习的重要经典，在日本《诗经》也是普通群众所耳熟能详的诗歌佳作。

### （一）《诗经》在日本的传播与影响

《诗经》传入日本的时间要晚于朝鲜，但是日本对于《诗经》的研究却更为深入，持续时间也更为长久。公元10世纪我国正处于唐宋交替之际，这时虽然社会动荡，但是唐诗的发展并未受到太大影响，唐诗及其相关文化依然保持东传的进程。日本受到唐诗的影响，也引发对于中国“诗歌鼻祖”《诗经》的研究热潮。这一时期日本文学家纪贯之是研究《诗经》的代表人物，相传他曾受《诗经》影响，而撰写出广为流传的《古今和歌集》。此后，日本研究《诗经》的学者及相关的著作可谓浩如烟海，尤以江户时代为甚，据记载江户时代日本研究《诗经》的著作达200多部。各藩的藩校在培养儒家学者方面也不甘于后，民间学者建立的学塾，甚至深入偏远的乡村。兼儒兼医的地方学者也承担起传承经典的任务。在这样的条件下，《诗经》获得了在町人、僧侣和学童中较好的传播机会，有了更多的学者将精力集中于《诗经》的研读和理解。这时比较著名的研究《诗经》的著作有中村惕齐的《诗经示蒙句解》，该著作对于《诗经》中的疑难词句进行解释，对部分段落的大意进行解读，以帮助当时日本更多人了解和学习《诗经》文化。又如，仁井田好古撰有《毛诗补传》，对《诗经》也进行了深入研究。

江户时代后期，中国文化对日本的冲击依旧保持强劲的势头。在中国清朝前中期《诗经》汉学强势回归的背景下，江户时代后期《诗经》学也发生相应的转向。此时的学者不再醉心于元享以来标新立异的学术风气，而是从清朝考据学中充分汲取理性精神，秉持一种科学的态度专事学术研究。清朝前中期的《诗经》著述逐渐成为日本《诗经》研究者关注的焦点，如陈启源、毛奇龄等人的著作都曾引起轰动。八田繇《诗经古义解》把《诗序》比作君，自己比作臣，挑战《诗序》犹如无礼于君，自己必“诛之如鹰鹯之逐鸟雀”。龟井昱撰《古序翼》，力驳朱熹《诗序辨说》对《诗序》的否定。又撰《毛诗考》，为重建《诗序》的价值体系而努力。诸葛晃《诗序集说》汇辑各家学说，力求全面发挥《诗序》的意义。冢田虎《冢注毛诗》带有鲜明的史家观照的特征，对《诗序》历史的考察不遗余力。

总之，日本学者对以《诗经》为主的各种中国文献典籍进行了大量研究，他们不仅从文学角度阐述和解释《诗经》，更从历史的视角，深入剖析中国传统文化的内涵，以及中国传统思维方式的特征。正因如此，中国《诗经》文化对日本产生了较大的影响。

**（二）《诗经》在朝鲜的传播与影响**

朝鲜《诗经》取自中国，自接受之日起，便在不断寻求自己本土化的诠释，不单是对学术理论的增进，更加强了本民族社会文化秩序的建构，对国家制度、文化思想、社会伦理规范等的形成都有着积极的影响。

高丽时期朝鲜推崇佛教，故对儒家思想的研究尚未形成主流。自朝鲜李朝始，历代君王“排佛尊儒”，太宗时期命人用古注《诗经》等字铸字，1403 年，设置铸字所，铸造了十万个铜字，以便于出版图书，内容主要涉及《诗经》等经学、史学方面的典籍研究。世祖时期，对以《诗经》为代表的“五经”在原来的基础上进行更大规模的研究，这使得《诗经》在当时的朝鲜得到了进一步普及与推广。此外，《诗经》还被作为朝鲜科举考试的重要内容，这极大地提升了《诗经》在朝鲜文化领域的地位，对之后朝鲜的文学阅读、文学创作、学术研究等方面都有着深远影响。

**（三）《诗经》在韩国的传播与影响**

《诗经》传入韩国，据史料记录最晚是魏晋南北朝时期。公元 4 世纪，韩国的三国时期，太学已将《诗经》设成最主要的学习科目之一。古代韩国把《诗经》放在官学的位置上，对其诗歌发展产生深远的影响。据中国《南史》和朝鲜《三国史记》记载，公元 541 年百济王朝遣使请求梁朝派遣讲授《毛诗》的博士，梁武帝派学者陆诩前往。百济王朝也曾派学者为日本皇子讲授“五经”。公元 765 年，新罗王朝规定《毛诗》为官吏必读书目之一。

在当代社会，韩国对于《诗经》的研究始终保持着较高的热情。研究《诗经》学的韩国学者主要有金兴奎、金周汉等。金兴奎是韩国《诗经》理论研究的奠基人，发表了《正祖时代的诗经讲义》《茶山丁若镛的诗意识与诗经论》《朝鲜后期的诗经论与诗意识》等文章。学者金周汉发表的文章多是对韩国《诗经》研究史的梳理，虽然内容上各不相同，但主线是对古代朝鲜学者学习和接受汉、金文学，特别是汉儒的诗学理论观点进行的考察，因此其文章之间又具有内在统一性。另外，由于受到西方文化的影响，韩国学者在研究《诗经》时将传统的研究方法和西方一些现代研究方法相结合。韩国学者的学术视野更加开阔，研究范围更加广泛，并不断尝试新的研究方法。韩国学者主要运用的研究方法有传统的文献学研究方法、历史学研究方法、文艺学研究方法、比较研究、接受美学以及原形批评和结构主义等西方研究思想、研究方法，其中以比较研究居多。

## 三 《诗经》在欧美的传播与影响

在交通比较闭塞的古代社会，中国与欧美各国的联系较少，但是15世纪地理大发现与16世纪资产阶级革命在一定程度上打破了国与国之间的界限，中国与西方国家的交流开始明显增多。

### （一）《诗经》在法国的传播与影响

西方国家为了宣扬自己国家的宗教思想，为了吸引更多的耶稣信徒，自16、17世纪起，广泛向东方派出传教士。传教士到达中国之后，虽然主要任务是传播基督教的思想，但是在中西方的交流过程中，西方也深受中国文化影响。例如，法国耶稣会的金尼阁立志将“主”的精神传遍四方，可是到了中国之后，却为《诗经》中所蕴含的哲理与艺术折服，他第一个将《诗经》翻译成西方语言。

自此之后，《诗经》就开始在西方社会流传开来，无数西方学者为《诗经》而“倾倒”，包括马若瑟神父、白晋、西伯神父等。他们在接触《诗经》之后，深切地感受到中华传统文化的魅力，感受到诗歌的艺术，于是在深入研究《诗经》的基础之上，撰写相关著作，以促进《诗经》文化在西方社会进一步传播。例如，马若瑟神父曾撰写《经传议论》，并将《诗经》中的部分文章翻译成法文，以供法国大众阅读和了解。

另外，谈及《诗经》在法国的传播，就不得不提到西伯神父，他代表了近代法国对于《诗经》研究的最高水平。西伯神父精通汉学，对于中国传统风俗习惯与历史文化十分了解，他曾于《关于中国人的风俗、习惯、艺术、科学和历史回忆录》中写有大量关于《诗经》的解读。他认为《诗经》不仅文学造诣极高，具有赋、比、兴等多样的表现手法，同时也揭示了神秘东方国家的社会面貌，是一部不朽的佳作。随着时代发展，法国又出现了一批对于《诗经》十分感兴趣的学者，他们的研究更加深入，还出现了翻译最为准确的法文《诗经》全译本，出现了大量研究《诗经》的论文等。

**（二）《诗经》在俄罗斯的传播与影响**

19 世纪，俄罗斯东正教取得重大发展，其传教活动也在逐渐“升温”。自 18 世纪末 19 世纪初开始，俄罗斯不断向周边国家派遣传教士，其对我国所派出的传教士数量为东亚各国之最。在中俄双方的广泛交流中，有些的俄罗斯传教士发现了中国的《诗经》，并认为该作品为难得的佳作，持此观点的代表人物为司机西维洛夫。司机西维洛夫以自己较为丰厚的文学素养，结合中国的风土民情，对《诗经》进行解读，先后翻译完成《诗经》《孟子》《道德经》等多部经典传统著作。完稿之后，以上译本在俄罗斯国内引起轰动。此后《诗经》在俄罗斯多家出版社大量出版，甚至在一段时间内引发了俄罗斯对汉文化的极度推崇。

1896 年，俄罗斯彼得堡出版了《诗歌中的中国、日本》一书，其中包含有麦尔查洛娃翻译的《楚楚者茨》，米勒尔翻译的《羔裘如濡》，米哈伊洛夫翻译的《燕燕于飞》等出自《诗经》的五首诗。需要注意的是，这些学者都不懂中文，只是通过法文、英文等文字转译，在思想内容上和原作相去甚远。这种由其他文字转译《诗经》的做法在此后得以延续，1914 年叶戈里耶夫和马尔科夫的《中国之笛》中收入他们所译《诗经》两首，为《淑女》和《美女》。另外，费德林把

《诗经》与时代、社会联系起来考察，评价其反映现实的深度和广度，指出：“《诗经》所揭示的中国人民古代历史，也许比许多描写中国古代的历史著作、民族学著作以及其他著作都要充分和深刻得多。”费德林进一步论述，正是因为《诗经》反映生活的多面性，故其内容也是丰富多彩的，以至于“在中国和国外都有从不同观点和角度来研究《诗经》的人”。他从《诗经》研究出发，联系中国文学的历史，论证《诗经》在中国文学史上的地位和作用。他认为，由《诗经》可以证明，中国文学最早出现的体裁（抒情诗和叙事诗）是以民间诗歌为基础的，也是同人民的田间劳动、部落战争行动以及神灵崇拜等仪式相联系的。进入20世纪，随着俄罗斯学界对于《诗经》研究力度的加大，《诗经》在俄罗斯社会的影响力也越来越强。

**（三）《诗经》在美国的传播与影响**

《诗经》自19世纪开始在美国传播，但是《诗经》初传美国时，相关领域的学者并未引起对于《诗经》的关注，直到19世纪中叶学者才开始深入研究《诗经》，将其作为了解中国文化的重要媒介。

19世纪上半叶，一些美国传教士来到中国，在传教的同时，他们也广泛接触中国文化，其中有一批传教士比较重视文化领域的交流，他们认为中国的文化具有悠久的历史，值得深入研究。于是，他们在中国创办教会学校，翻译出版书籍，并在美国传播中国文化，作为中国古典文学源头的《诗经》自然也传入了美国。

丁韪良是晚清时期来华的美国传教士，除传教士的身份外，其还曾担当过外交翻译、京师同文馆和京师大学堂（北京大学前身）的总教习等。在这些身份之外，他也还是一位汉学家，也因此他成为最早向美国介绍中国文学和文化的学者之一。丁韪良多次提及《诗经》，在他的其他著作中也有涉及《诗经》的记述。在《中国的神话传说与抒情诗》中，丁韪良曾节译了《诗经》中的三篇——《唐风·蟋蟀》《小雅·斯干》《大雅·抑》；在《汉学菁华》一书中，除翻译的《诗经》片段外，他还对《诗经》进行了概括性的介绍，这表明他不仅对《诗经》的内容有所了解，而且对《诗经》的艺术手法等也有自己的独特认识。可以说，丁韪良对《诗经》相当熟悉，也对《诗经》在美国的传播起到了开山的作用。

在丁韪良之后，又有一些传教士在美国传播中国的《诗经》及相关文化。例如，1876 年卫三畏主持耶鲁大学开设中文课程，对当时的大学生广泛介绍中国文化。卫三畏在晚年阶段，又修订《中国总论》，在该著作中他全面记录了中国的地理、法律、教育等相关情况，并介绍了《诗经》的部分内容，包括《静女》《南有乔木》《小雅》《大雅》等。

1879 年，哈佛大学也开设了中文课程，并且聘任中国学者戈鲲化作为教师。戈鲲化具有深厚的中国文化素养，在中国传统文化的诸多方面都有较深的造诣，所以他除了讲授汉语学科之外，也为国际友人讲授诗文知识，并特地撰写诗歌教材《华质英文》。在《华质英文》中，有一首《子忠伯甫生集诗》，该诗巧妙借用了《诗经》的部分诗句，展现了《诗经》文化的魅力。

20 世纪以来，对中国文学感兴趣的美国学者越来越多，中国文学在西方社会的影响力与日俱增。

**（四）《诗经》在欧美其他国家的传播与影响**

此外，《诗经》在欧美其他国家也有所传播，并产生相应的影响。例如，匈牙利 1957 年曾印刷发行《诗经》1000 册，刚刚开始售卖，就被热情的市民于半小时之内抢购一空。出版部门发现了这一商机，于两年之后再次印刷出版《诗经》10000 余册，却依然被“抢完”。又如，罗马尼亚于 1963 年出版《中国诗歌选集》，书中有大量《诗经》内容，并包含对于《诗经》部分诗篇的解读，同样引起巨大反响。在德国《诗经》同样产生了较大影响，19 世纪上半叶理查德将《诗经》译为德文并正式出版，自出版之日起，德国学界便对《诗经》

展现出了广泛的关注。随后，德国其他文化学家、民俗学家纷纷将目光投向《诗经》。例如，著名汉学家施特劳斯编纂有《诗经》新译本，该著作成为德国历史上翻译《诗经》的最高成果。

## 第二节 唐诗、宋词在海外的传播及影响

### 一 唐诗、宋词简介

唐诗与宋词分别为我国文学历史上的重要代表，恰如两颗璀璨的明珠，彰显了中国文学史的成就，唐诗与宋词是中国传统文化的重要组成部分，亦在海外产生了极为广泛的影响。

#### （一）唐诗

唐诗指开创于唐代，一直传承与发展下来的诗句，以及与其相关的诗文化。唐诗是中华民族灿烂的文化遗产，不仅体现了我国古代文学的极高造诣，还展现了唐代之后社会各个方面的真实面貌，对于人们进行相关的历史研究也具有极为重要的价值。

1. 唐诗兴盛原因

唐诗在唐代兴盛，主要有以下几个方面原因。

第一，经济方面。唐朝初年，为了缓和阶级矛盾，维护社会稳定，唐高祖李渊与唐太宗李世民均进行经济领域的变革，促进经济复苏并发展，人民生活普遍较为富庶。和谐富庶的社会环境为文人进行诗文创作奠定了经济基础。

第二，政治方面。唐朝为李姓，在武周之前较为信奉老庄之学。其主要治国方向是“无为”，允许人民在思想文化方面自由发展，允许多元文化并存，并不进行过多干预。同时，唐朝对外开放，吸纳大量外来文化，如西域胡旋舞、佛教思想等均对唐朝社会产生了重要影响，在一定程度上激发了唐朝文人的文化创作灵感。

第三，历史方面。唐朝之前虽无唐诗这种文学形式出现，但是已

经有许多文学方面的其他著作，先秦时期的《诗经》便是其中的代表。同时，隋朝时期我国社会文化各领域亦取得一定的发展，这些均为唐朝诗文化的产生与兴盛提供了借鉴。也因为唐朝因袭了隋朝诸多制度与文化，所以世人也常将隋朝与唐朝并称为“隋唐”，其文化的传承于此可见一斑。

此外，唐诗的兴起与繁盛还有一些其他原因，如制度方面，唐朝科举制度需要考察考生的文学写作能力，考生的书法也同样需要考察。考生为了取得更好的成绩，不得不“苦练”文笔，这也促进了唐诗的发展。

2. 唐诗文学特色

唐诗具有不同的种类，细分为五言古体诗、七言古体诗、五言绝句、七言绝句、五言律诗、七言律诗六种。其中，古体诗对于诗文整体的格律要求较为宽泛，作者可以进行比较灵活的创作与发挥，而绝句与律诗的要求则较为严格，每句诗的字数有明确限定，不同诗句也要注意平仄声的规律，韵脚不能随意变换等。同时，由于唐诗对于之前的文学作品有着大量吸收与继承，如汉魏民歌、乐府传统等，这丰富了唐诗的风格和特色。可见，唐诗类别较多，不同的类别有着不同的要求，所以其表现形式亦是十分多样化。

一般来讲，唐诗包含如下几种主要派别：一是山水田园诗派，代表人物为王维、孟浩然，著名作品有《山居秋暝》《西施咏》《九月九日忆山东兄弟》《过故人庄》等。二是边塞诗派，代表人物为高适、岑参、王昌龄、李益、王之涣、李颀，著名作品有《燕歌行》《别董大》《蓟门行五首》《出塞》《从军北征》《古意》等。三是浪漫诗派，代表人物为李白，著名作品有《月下独酌》《梦游天姥吟留别》《蜀道难》等。李白生活于唐朝最为昌盛的开元时期，也见证了唐朝由盛转衰的安史之乱，宫廷饮酒作诗的生活与安史之乱战火纷飞的环境均对其文学创作产生了明显的影响。李白诗句立意高远、词句奇妙、清新飘逸、洒脱自然，开创了浪漫主义诗派，对后世诗学发展产生了极为重大的影响。四是现实诗派，与李白的浪漫诗派风格相对，代表人物为杜甫，主要作品为“三吏”“三别”《兵车行》等。如果说李白的诗如同遨游于天地间的鲲鹏，那么杜甫的诗就如同历经人间磨难的苦行僧。

**（二）宋词**

宋词为我国宋朝时期开始兴盛并流传至今的文学形式，宋词与唐诗最明显的不同之处在于其句子有长有短，表现出一种参差之美。同时，由于其节奏感十足，段落差异明显，十分便于歌唱，所以也被称为“曲子词”“乐章”等。

1. 宋词起源

宋词虽名称含“宋”，但其产生却渊源已久。隋唐时期形成的曲子词便是宋词的前身，唐朝时期，宋词这种文学形式已于民间流行，只是由于唐诗发展势头过于迅速，掩盖了尚且“弱小”的宋词发展，所以宋词在这一时期并未产生较大规模的发展。不过，由于宋词开创我国文学历史上第一个用于书写和表达爱情的专用文体，受到当时部分文学家的关注，所以其发展也并未间断。

直到宋朝尤其是苏轼创作时期，宋词在文学发展史上的地位才得以初步奠定。自此之后，宋词作品如雨后春笋般不断涌现，极大地丰富了宋朝人们的思想世界。

2. 宋词类别与流派

（1）宋词类别

由于宋词富于变化，句子长短差异性较强，所以其类别也较为多样。

根据宋词的长短规模，可以将其划分为小令、中调、长调、单调、双调。

根据宋词的音乐性质，可以将其划分为“令”“引”“慢”“三台”“序子”“法曲”“大曲”“缠令”“诸宫调”九种。

根据宋词的节拍，可以将其划分为“令”“引”“近”“慢”。

（2）宋词流派

相较于唐诗，宋词的流派较少，主要有婉约派与豪放派两大类，二者表现形式与抒情特点十分不同。一是婉约派，代表人物为柳永、晏殊、晏几道、周邦彦、李清照、秦观、姜夔、吴文英、李煜、欧阳修、史达祖等。主要特点为言辞婉约、婉转细腻、结构缜密、清新柔婉，侧重描述儿女情长。二是豪放派，代表人物为苏轼、辛弃疾、陈亮、陆游、张孝祥、张元幹、刘辰翁等。主要特点为大气磅礴、淡然洒脱、气势雄浑、叙事较多，侧重强调家国天下。两种流派无论是言辞特点，还是抒情达意都有明显的区别，二者均为宋词的重要流派。

## 二　唐诗在海外的传播与影响

诗文是中国的代名词，海外学者在谈及中国时，总会不约而同地想到中国唐诗。我国的诗词文化远播海外，对于海外的汉学家而言，唐诗是永远不可绕开的话题。

唐诗所兴盛的唐朝，恰恰是我国历史上最为辉煌的一段时期，这时我国物质基础雄厚，政治开放清明，与海外各国的交流十分广泛，对各国产生了广泛的影响。

### （一）唐诗在日本的传播与影响

唐朝高度发达的文明对海外各国产生了或多或少的影响，其中，受到唐朝文明影响最深的莫过于日本。唐朝时期，日本遣唐使进入我国，极大地促进了中日文化交流，唐朝的古诗文化在遣唐使带回本国之后，于日本社会广泛传开，对于当时日本社会的统治阶层与普通民众产生了较大影响。

公元8世纪，这时日本尚未发明假名，便引进大量中国典籍，在唐诗的影响下开始出现了汉诗文，通用我国汉字，甚至几代天皇都是汉诗高手，曾撰有多篇佳作，最为著名的包括《怀风藻》《凌云集》《文华秀丽集》《经国集》等。

对于日本影响最大的诗人当属李白、白居易、杜甫等人，其中，白居易诗文的外传最早。白居易的诗文大约于公元9世纪初期传入日本，这时的唐朝统治已经摇摇欲坠，呈现出明显的衰颓之势。不过，这种社会背景也促使唐诗有了更多的素材。白居易倡导新乐府运动，诗文着重体现民间疾苦，如《观刈麦》《卖炭翁》《琵琶行》等，在当时的社会引起十分重大的反响。

1. 李白诗文在日本的传播

在唐宋时期，李白的诗文并未大量传入日本，直到明清之交，其作品才进入日本，吸引了一大批追随者。这一时期，许多日本民间诗词爱好者以李白为典范，模仿李白的浪漫主义作诗手法，进行诗学创作，其中，最为著名的莫过于松尾芭蕉。松尾芭蕉是江户时代最为著名的诗人，他对于李白极为推崇，自号“桃青”，与“李白”二字相对应，在其许多作品中都可窥见李白诗文的“影子”，其著有《奥之细道》。他还将俳谐从和歌中真正解放出来，对于日本文学发展具有很强的助推作用。

日本有关李白研究的著作主要有：井土灵山《李太白诗集选注》，崇文馆，1910；上村忠志《放浪诗人李白》，春秋社，1938；武部利男《李白小传》，新潮社，1955；花房英树《李白诗歌索引》，京都大学人文科学研究所，1957，1977年再版；平冈武夫《李白的作品：资料》，京都大学人文科学研究所，1958；福原龙藏《李白：豪放厄运的诗仙》，讲谈社，1969；松浦久友《李白：诗与心象》，社会思想社，1970，此书1983年由张守惠译为《李白：诗歌及其内在心象》，陕西人民出版社出版；《李白传记论：客寓的诗想》，研文出版社，1994，此书2001年由刘维治等人译为《李白的客寓意识及其诗思：李白评传》，中华书局出版；前野直彬《李白》，集英社，1972；高岛俊男《李白与杜甫：行动与文学》，1972，此书从李白和杜甫邂逅的第一年出发，追溯着两人在广阔的中国全境中不断变化的一生，将各种各样的诗的形式来比较、考察，深入刻画李白奔放、杜甫沉郁的意欲之作；金谷治《李白与杜甫：唐诗之心》，三省堂，1974；松浦久友《李白研究：抒情的构造》，三省堂，1976；平冈武夫《李白的作品》，同朋社，1977；久保天随《李白全诗集》，日本图书中心，1978，约收录1000首，"（久保天随）《李白》是日本首次全译"[①]，为日本之后的中国古代文学研究提供了便利；武部利男《李白的梦》，筑摩书房，1982；小尾郊一《李白：飘逸诗人的诗与生涯》，集英社，1982；田中克己《天游的诗人李白》，平凡社，1982；森野繁夫《唐代诗选：李白与杜甫》，白帝社，1988，此书列举李白诗27首，杜甫诗31首及其他4首，共计62首，书中"参考"为帮助读者理解所列举的资料，"学习"是提示作品阅读理解需要注意的地方；小川环树、栗山稔《李白》，岩波书店，1994；青木正儿《李白》，集英社，1996；前野直彬《李白》，小沢书店，1996；冈村繁《陶渊明李白新论》，陆晓光等译，上海古籍出版社，2002；森繁久弥《读唐诗：杜甫、李白、白居易、王维》，新潮社，2003；市川桃子等《新编李白文：书、颂的译注考证》，汲古书院，2003，其中，"书"围绕《代寿山答孟少府移》《上安州李长史书》《上安州裴长史书》《与韩荆州书》《为赵城与杨右像》《与贾少公书》，"颂"列举《崇明寺佛顶尊胜陀罗尼幢颂》《赵公西侯新亭颂》等；福地顺一《中国的三大诗人的诗与生涯：杜甫·李白·白乐天》，鸟影社，2007，此书从"杜甫诗与生涯""李白诗与生涯""白乐天诗与生涯"介绍三人的诗与人生，在李白诗与生涯中，分为故乡、安陆·漫游、长安日月、游历三昧、安禄山之乱、晚年六个部分；宇野直人《巨大的野放图》，平凡社，2010，将诗人的人生从故乡时期、求职与周游时期、

① 李庆：《日本汉学史（第2部）》，上海人民出版社2010年版，第348页。

朝廷工作时期、失意漫游时期、发配·赦免及晚年时期进行介绍，并以游仙、女性和酒为主题介绍诗人的代表作；石川忠久《李白的人生》，2009；金文京《李白——漂泊诗人的梦与现实》，岩波书店，2012；向岛成美《李白和杜甫的事典》，大修馆书店，2019；和田英信《李白》，明治书院，2019，选取李白诗117篇和杜甫诗154篇进行译注、解释，概说两人的生活背景、唐代历史、社会制度与文化，并对唐诗的形式、语法加以解释；乾源俊《李白像的生成》，研文出版，2020，主要以文集序、诗作品中特别是以“歌行”为主进行考察。

2. 白居易诗文在日本的传播

白居易的诗在公元838年传入日本，《日本文德天皇实录》中记载“承和五年，太宰少贰藤原岳守因检唐人货物，得元、白诗笔，奏上。帝甚悦，授依从五位上累官至右近卫中将”[①]。白居易诗文传入日本之后，便被抬至极高的地位，无论是日本的统治阶层，还是平民百姓，都成为其狂热追随者。兼明亲王《和高礼部再梦唐故白太保之作》“古今词客得名多，白氏拔群足咏歌。”[②] 日本平安时代是对中国文化的全面推崇和吸收的时代，而白居易的诗通俗易懂，容易让日本人理解，因此日本人对白诗的喜爱更是达到了顶点。当时一批日本王公贵族为了更多地了解白居易，分析其诗文的背景文化，甚至开始研究《白氏文集》。例如，日本的“文学之神”菅原道真对于白居易的崇敬之情已经到了近乎癫狂的地步，其自身已具有相当的文学造诣，仍旧随身携带《白氏文集》，以期加深对于白居易的了解，提升自身的诗文素养。又如，11世纪日本文坛巨著《源氏物语》堪称日本文学史里程碑式的作品，书中大量引用白居易的诗文，其中与白居易相关的章节多达100处，足见日本对于唐诗的重视程度。

① 清水茂：《清水茂汉学论集》，蔡毅译，中华书局2003年版，第464页。

② 严绍璗：《中日古代文学交流史稿》，福建教育出版社2016年版，第174页。

日本关于白居易的著作主要有：田中克己《白居易与那个时代》，日本书院，1958；小松茂美《平安朝传来的白氏文集与三迹研究》，墨水书房，1965；田中克己《白乐天》，集英社，1966；内田泉之助《白氏文集》，明德出版社；铃木虎雄《白居易诗解》，弘文堂书房，1967；小松茂美《藤原行成笔白氏诗卷》，讲谈社，1969；盐见邦彦《关于白居易诗中俗语表现》，1982；冈村繁《白氏文集》，明治书院，1988；花房英树《白居易研究》，世界思想社，1990；太田次男《中唐文人考：韩愈·柳宗元·白居易》，1993；太田次男、砺波护《白居易的文学与人生》，勉诚社，1993；武部利男《白乐天诗集》，平凡社，1998；平冈武夫《生涯与岁时记》，朋友书店，1998；川合康三《终南山的变容：中唐文学论集》，研文出版，1999；新间一美《源氏物语与白居易的文学》，和泉书院，2003；松浦久友《陶渊明·白居易论：抒情与说理》，研文出版，2004；高松寿夫《日本古代文学与白居易：王朝文学的生成与东亚文化交流》，勉诚出版，2010；静永健《汉籍传来：白乐天的诗歌与日本》，勉诚出版，2010；川合康成《白乐天诗选》，岩波书店，2011；宇野直人《从白居易到苏东坡》，平凡社，2011；诸田龙美《白居易恋情文学论：长恨歌与中唐美学意识》；秋谷幸治《白居易文学论研究：传统的继承与革新》，汲古书院，2012 等。

3. 杜甫诗文在日本的传播

杜甫是我国文学史上具有代表性的诗人之一，其作品具有鲜明的时代特色，蕴含着丰富的社会生活及独特的精神色彩。江户时代，日本已有大量杜甫诗文注释本，包括《杜诗发挥》《杜律详解》等，并对日本学者产生了较为深远的影响。同时，日本学者从不同角度和深度关于杜甫的译注、研究也非常多。

目前，日本关于杜甫的主要著作有：近藤元粹《杜工部诗醇》，文永堂，1897，此书在前人评注的基础上结合诗歌内容，解释更加简单易懂；笹川临风《杜甫》，大日本图书株式会社，1899；森槐南《杜诗讲义》，文会堂书店，1912，此书分为上（五言律诗、七言律诗）、中（七言律诗、五言长律、五言绝句、七言绝句）、下（五言古诗、七言古诗）三卷，共260余首诗进行注释；德富猪一郎《杜甫与弥尔敦》，民友社，1917；铃木虎雄《杜少陵诗集》，民国文库刊行会，1928，此书从字解、题意、诗意进行较为详细且通俗易懂的翻译；漆山又四郎《译注杜诗》，岩波书店，1929，此书未用现代语言进行注释，分为四卷；上村忠治《杜甫：忧郁的诗人》，春秋社，1939；吉川幸次郎《杜甫私记》，筑摩书房，1950，《杜甫笔记》，创元社，1952，《杜甫》，筑摩书房，1967，《杜甫和王安石》《杜甫诗注》，筑摩书房，1977，《华音杜诗抄》，筑摩书房，1981；前尾繁三郎事务所，1975；斋藤勇《杜甫：那人、那诗》，研究社出版，1952，此书前十章介绍杜甫的生平，第十章至第十五章是对杜诗的分析，第十六章是对杜甫与西方文学的比较；细田三喜夫《杜甫诗集》，昌平堂，1953；松井如流《杜甫晴诗》，五禾书房，1957；黑川洋一《杜甫》，岩波书店，1957，此书分为上、下两册，上册以律诗和绝句为中心分析杜甫的生平和诗歌特征，下册以古体诗为中心阐述杜甫对后世的影响；吉川利一《杜甫遗产：人间实存的探求》，春韭庵，1965；目加田诚《杜甫》，集英社，1965，此书附有解题、杂记、注释及译文，《杜甫物语：诗与生涯》，社会思想社，1969，《杜甫诗与生涯》，龙溪书舍，1984；土岐善麿《杜甫门前记》，春秋社，1965，《杜甫：新译》，光风社书店，1970，《通向杜甫之道》，光风社书店，1973；高木正一《杜甫》，中央公论社，1969；福原龙藏《杜甫：沈通漂泊的诗圣》，讲坛社，1969，此书将杜诗分为“季节”“纪行”“爱情”“友情”“战乱”“贫穷”“爱情”七个主题进行解释说明；太田青丘《芭蕉与杜甫》，法政大学出版社，1970，此书着重分析了杜甫对芭蕉文学的重要影响；三好丰一郎《杜甫诗集》，角川书店，1972；高岛俊男《李白与杜甫：行动与文学》，评论社，1972；田中克己《杜甫传》，讲坛社，1976；爱川一实《情热的诗人杜甫》，荣光出版社，1981；和田利男《杜甫：生涯与文学》，目标社，1981，此书在前编概述了杜甫的生平与生活，中编进一步分析了杜甫对日本学者的影响，后编从“文学观”“前代评论”“唐代评论”进行介绍；森野繁夫《杜甫：沉郁诗人》，集英社，1982，《唐代诗选：李白与杜甫》，白帝社，1988；小野忍《漂泊诗人杜甫》，平凡社，1983；石川忠久《杜甫》，日本放送出版协会，1988；广田二郎《芭蕉与杜甫：影响的展开与体系》，有精堂出版，1990；田川纯三《杜甫之旅》，新潮社，1993，此书通过实地考察介绍杜甫的生涯与诗歌；山口直树《忧愁的诗人杜甫：诗圣、咏悲愤慷慨》，学研，1995，此书通过实地考察并附以照片，生动形象地介绍诗人与作品；小尾郊一《杜甫之泪：中国文学杂感》，研文出版，2001；森繁久弥《读唐诗：杜甫、李白、白居易、王维》，新潮社，2003；古川末喜《杜甫农耕诗研究：关于八世纪农事与生活之歌》，知泉书馆，2008，此书以杜甫的农耕生活为中心，主要分为“秦州期”“成都期”“夔州期的务农生活”“夔州期的农事”四个部分，分析杜甫农耕诗的新特色；古川末喜《杜甫诗与生活：读现代训读文》，知泉书院，2014；兴膳宏《杜甫：超越忧愁的诗人》，岩波书店，2009，此书在介绍中国史中的杜甫、杜甫的今体诗和古体诗的基础上，进一步结合诗歌分析杜甫诗中超越忧愁、善待家族、朋友、社会及自然的意境；宇野直人、江原正士《杜甫：伟大的忧郁》，平凡社，2009，此书以对话的形式介绍杜甫的作品与生平，主要有“远大志向”“帝都震撼”“风波不断”“从秦州到同谷”“成都的日夜”“流浪的结局”六个部分；后藤秋正《东西南北的人：杜甫诗与诗语》，研文出版，2011，此书分为“杜甫咏食事的诗”（咏饥饿的诗、咏白发的诗）和“杜甫与诗语”两个部分进行说明；吉川幸次郎、兴膳宏《杜甫诗注》，岩波书店，2012；川合康三《杜甫》，岩波书店，2012，此书主要从“诸国漫游”“为官目标”“漂泊的生活”“在成都”“再次漂泊之旅”“评价的变迁与文学的特色”六个部分出发分析杜甫在悲惨生活的同时对抗现实社会的精神；谷口真由实《杜甫诗的葛藤与社会意识》，汲古书院，2013，此书中作者把杜甫作为“从各种矛盾、矛盾中产生独特表现的诗人”（绪论），将他的一生视为“矛盾”的连续，以“矛盾”为关键词，重新探讨杜甫创作的由来和实体，谷口真由实人文杜甫的“纠葛”可以分为三类，一是自认为“儒家”的杜甫自身生活方式所涉及的矛盾，二是传统诗词形象和诗词变革所涉及的矛盾，三是社会矛盾所面临的矛盾，同时谷口真由实指出，这些都是诗人内心的矛盾，而在实际创作中，为了将内心的矛盾表现为语言，会产生更多的矛盾；铃木修次《杜甫》，清水书院，2014，此书主要从“杜甫的文学时代”“杜甫的生涯”“杜甫的文学思想”三个部分探讨杜甫的文学特色；加藤国安《杜甫全译的解题》，讲谈社，2015；松原朗等《杜甫全诗译注》，讲谈社，2016，此书在最新的研究成果基础上以下书方式添加通俗易懂的现代文解释；后藤秋正《〈春望〉的系谱》，研文出版，2017，此书由三部分构成，一是杜甫“春望”相关的文章，二是收录杜甫诗歌阅读过程中注意到的词语和将视线转向动植物的诗歌相关的文章，三是分析杜甫的“逸诗”“逸句”；向岛成美《李白和杜甫的事典》，大修馆书店，2019；长谷部刚《关于杜甫诗文集形成的文献学的研究》，关西大学出版部，2019，此书由两部分构成，一是明确从唐代到宋代时期（具体到《宋本杜工部集》完成）杜甫诗文集的抄写、流传、刊行的实际情况，二是探讨了“诗圣”杜甫的作品和文集形成的具体过程。

在日本近代汉学家中，吉川幸次郎和小川环树被称为“日本近代中国文学研究的双璧”。吉川幸次郎更是被称为“日本的中国文学研究的第一人”[①]。从研究生涯来看，兴膳宏分为“经学时代”“元曲时

① 沟上瑛：《东洋学系谱（第2集）》，日本：大修馆书店1994年版，第270页。

代”“杜诗时代”。吉川幸次郎在留学后潜心研究经学和元曲，暂时搁置了对诗歌的关注。但从四十多岁开始，其再次对唐诗和杜甫的诗产生了强烈的兴趣。吉川幸次郎认为与其写杜甫传记，不如把“根据原诗写传记”作为自己的任务，并通过追溯杜甫的生平对当时的作品进行评价的研究方法，一方面拉近杜甫的诗歌与日本读者的距离，另一方面力图挖掘过去注释没有提到的内容。吉川幸次郎认为杜诗的特征之一是“熟视之眼”。“熟视”是不论大小广狭，面对所有的对象带着热情细致的工作态度。杜诗特征之二是“冥搜”，即具有无限制的正确答案的志向。吉川幸次郎在结合了这两个方向的基础上对杜诗进行了新的注释与解析。从吉川幸次郎关于杜甫及杜诗研究的贡献和影响来看，其被称为“杜甫前年以后的异国知己”①。而小川环树则指出杜甫和陆游都因为无法抵抗的命运而成为诗人，有着对“诗人命运的自觉”，而且诗中都表现出对自然的细致观察，但二者的人生观却有很大的不同。杜甫在对自然细致观察的背后隐藏的是“内向的内省的悲观主义”②，而陆游“他对宇宙或自然的善意的信赖，即使是吟咏细微的东西，也能让读者感到并不小气，豁达的心情”③。

4. 小结

如今，虽然唐诗已经不再是时代的主题，但是其产生的文化效应却是广泛而持续的，中日之间的诗文交流仍在继续，这表明中国唐诗文化对于日本的影响也从未间断。例如，2019 年我国与日本开展人文交流磋商机制首次会议，会议对于中日两国文化领域交往的历史进行了总结，对两国文化的未来交往提出展望。会议指出：“我们学的论语，读的三国，背的唐诗，都对塑造两国人民精神世界产生深远影响。

---

① 连清吉：《杜甫前年之后的异国知己》，台湾学生书局 2015 年版。

② 小川环树：《小川环树著作集》（第三卷），日本：筑摩书房 1997 年版，第 339 页。

③ 小川环树：《小川环树著作集》（第三卷），日本：筑摩书房 1997 年版，第 339 页。

所有这些，都是值得我们倍加珍惜的宝贵财富。”① 可见，我国的唐诗文化对于日本文化体系与日本人民精神世界都具有深远的影响。

**（二）唐诗在欧美的传播与影响**

唐诗对于欧美的影响，相较于日本则要小得多。一方面，由于中国与欧美远隔重洋，地理环境造成了国与国之间交流困难；另一方面，欧美文化与东方文化差异较大，欧美人民对于中国诗学的重视程度不足。另外，西方思维以外向型为主，而中国思维以内向型为主，注重反思、内敛，二者的价值追求有所不同。不过随着时代发展，西方部分学者也意识到中国文学的意义所在。

18 世纪后期在北京生活了四十二年之久的法国汉学家、耶稣会士钱德明，是当时最早向西方介绍唐诗的学者。他所编著的《北京传教士关于中国历史、科学、艺术、风俗习惯录》丛书十六卷，于 1776 年至 1814 年陆续出版。19 世纪英国著名汉学家、东西方文化的主要架桥人之一德庇时爵士也是向西方介绍唐诗的先行者。他在专著《汉文诗解》中讲汉诗风格时，介绍了李白的生平，翻译了杜甫的五言律诗《春夜喜雨》，并翻译了王涯的《送春词》。以上学者可谓向西方传播和宣扬中国唐诗的“先行者”。

20 世纪初，已经有一批西方汉学家来到中国，并广泛开展关于中国诗文的学习与研究工作。例如，刘若愚、佛兰柯尔、高友工、梅祖麟、欧阳桢、詹玛丽、华格纳等。

以上学者从各个角度出发，结合自己专业领域的特点，对中国古诗文化进行了比较全面的研究与解读，并撰有大量颇具学术价值的书籍。例如，《中国文学理论》《李花与宫女》《唐诗的意蕴、隐喻和典故》《唐诗的句法、用字和意象》等。其中，刘若愚《中国诗的艺术》，佛兰柯尔《李花与宫女》研究最为深入，不仅对于唐朝时期的

① https：//ishare. ifeng. com/c/s/7ryV6uRwCrf.

诗词文化进行研究，对于唐朝以前中国诗词历史，及相对应的社会环境与朝代背景均进行系统性研究，并将中国的古诗文化大量传往海外。

我国唐朝时期诗人辈出、人才济济，在欧美人看来，王维、李白、白居易三人是最具研究价值的诗人。

1. 王维诗文在欧美的传播与影响

欧美有专门研究王维的专家，相关研究著作多达几十种乃至上百种，包括《王维诗》《画家兼诗人王维》等。20 世纪中期，法文译本《诗人王维》撰写完成，该书引起西方对于中国诗文的极大关注。此后，不仅是西欧，包括当时苏联地区也开始普及王维古诗集。

2. 白居易诗文在欧美的传播与影响

白居易的诗文在欧洲等国有广泛流传，并产生深远影响。20 世纪出版有大量关于白居易的著作，如《白乐天》《白居易诗集》《白居易抒情诗集》等。

法语是翻译白居易诗歌最早的西方文字。署名作者为白居易的诗歌选、文集选以及作品改编的单行本等白居易专集有 13 种，其中质量最高、影响最大的是 1862 年由汉学家埃尔维 · 圣 · 德尼侯爵翻译出版的《唐诗选》和 19 世纪法国著名诗人戈蒂耶翻译的 1867 年出版的《玉笛》。

英国著名翻译家阿瑟 · 韦利十分喜爱白居易诗歌中浅显平易的风格，因此翻译也最多。他在 1916 年、1919 年、1934 年、1941 年、1946 年出版的中国诗歌集和 1949 年出版的《白居易生平及时代》都收录了多首白居易诗。

在美国，以著名汉学家华兹生对于白居易的研究与翻译为代表，他 2000 年翻译出版了《白居易诗选》，由哥伦比亚大学出版社出版，全世界收藏此书的图书馆达到了 324 家。另外一位译者是美国著名诗人大卫 · 辛顿，他将诗歌创作与翻译结合在一起，对于白居易诗歌的意境、想象把握准确，文笔优美，是美国翻译白居易诗歌的一个里程碑，获得了很多读者的好评。该书在1999年由纽约新方向出版社出版，全世界此书的馆藏数量为255家。

3. 李白诗文在欧美的传播与影响

欧美等国对于李白诗文的研究大致源于18至19世纪。美国意象派诗歌的两位代表人物埃兹拉·庞德和艾米·洛威尔则是李白诗在美国翻译介绍的重要推手。他们尝试翻译了部分中国古诗，包括部分唐诗和李白诗，掀起了中国古诗特别是唐诗在美国翻译和传播的第一次高潮。

庞德根据美国著名东方学家厄内斯特·费诺罗萨有关汉诗研究的遗稿，选译了十九首中国古诗，其中有十二首是李白的《长干行》《江上吟》《古风十八·天津》《古风十四·胡关》《送友人入蜀》《登金陵凤凰台》《黄鹤楼送孟浩然之广陵》《送友人》《玉阶怨》《古风六·代马》等诗。艾米·洛威尔与出生于中国上海、熟悉汉语的艾思柯夫人合作，从1917年起，经过四年的努力，于1921年翻译出版了《松花笺》,《松花笺》中翻译收录的汉诗有近150首，其中有80余首为李白的诗。

## 三 宋词在海外的传播与影响

宋词是在隋唐、五代时期文学创作的基础之上，加以创新与发展而形成的文学形式。近年来，我国学者致力于挖掘和研究宋词相关的各种内容，取得一系列成绩。海外各国同样如此，各国学者把宋词视为地位不亚于唐诗的重要文学瑰宝，进行了大量研究。对于宋词的研究，以美国、日本、加拿大等国为主。

### （一）宋词在美国的传播与影响

美国汉学家孙康宜著有《自晚唐至北宋：词的发展》，该书对宋词产生的社会背景、历史渊源等进行了比较丰富的研究，并深入分析宋词在当时美国的传播情况。他提出宋词是中国诗词文学的瑰宝，学者应当注重对其进行保护与传承。孙康宜表示，柳永是颇具创新精神的词人，他敢于反抗，冲破藩篱，改变固有诗词的结构，对于文学史的发展有着重要的意义。他认为，柳永的诗词一改以往诗词高贵典雅的风格，吸收民间元素，打造出一种平易近人、通俗易懂的新模式，有利于宋词的流传。

刘若愚对于唐诗和宋词均有充分研究，发表论文《词的若干文学特质》。他认为，宋词首先是作为一种文学形式而存在的，同时又能够极为贴切、极为丰富地表现词人的内在心理感受，这是宋词最大魅力所在，而西方社会最为缺乏的就是这种表现方式。于是他提倡西方各界学者应当对宋词进行更加充分的研究。

**（二）宋词在日本的传播与影响**

日本对宋词研究首推村上哲见，村上哲见 1930 年生于中国大连，历任大阪市立大学、京都学艺大学、东北大学讲师、教授。他认为，宋词代表了一个甚至几个时代中国的社会面貌，具有极为重要的史学价值与文学价值。在他出版《宋词研究——唐五代北宋篇》之后，日本再度掀起对于宋词研究的热潮，即便在非学术界的群众中，也出现了大批宋词爱好者。村上哲见有关宋词的研究著作主要有四个，具体如下。

一是《宋词》（中国诗文选 21），筑摩书房，1973。此书是中国诗文选集系列丛书之一，主编是吉川幸次郎、小川环树。根据新诗形注解和阐释宋代词人的情感，描绘柳永的呜咽、周邦彦的巧致、姜夔的纤细、辛弃疾的奔放等内容。

二是《宋词研究——唐五代北宋篇》，创文社，1976。此书在 1987 年由杨铁婴译为中文，陕西人民出版社出版。此书主要有绪论、上篇、下篇、附论四个部分组成。绪论主要有"'词'的语义和作为韵文样式的'词'""诗与词"两个部分，上篇包括"词源流考""温飞卿词论""五代词论"，下篇保留"综论""张子野词论""柳耆卿生涯及其词""苏东坡词论""周美成词论"，附论包括"望江南、普莎曼小考”“《渔夫》词考”“霓裳羽衣曲考”。

三是《中国文人论》，汲古书院，1994。此书中与宋词的相关的是“诗与词——中国诗的正统意识”。而所谓的“正统意识”指的是士大夫阶层对于诗的认识，因为这是当时社会生活最基本的能力，也是科举选拔的重要科目。村上哲见指出：“如果把诗和词看作以抒情为主的韵文的话，在这两者之间很难发现差异。也就是说，如果在中国对诗歌的认识只是单纯地意识到抒情韵文的话，那么词就一定被包含在诗歌中，并被定位为一体。但是，中国传统诗的认识中，既有抒情韵文的性格，也有体现士大夫精神的方式的另一个方面。它不是次要内容的问题，而是作为坚定样式本质的一部分而被意识到的。这种与‘正统意识’原本无缘的词，最终没有被引入诗中，只能被定位为不同的样式。”①

四是《宋词的世界：中国近世抒情歌曲》，大修馆书店，2002。此书以诗和词的形式、内容的异同为出发点，在分析约 70 首代表性作品的基础上阐明宋词的文学特色。主要分为“诗与词”“词的形式”“唐五代的词”“北宋的词”“南宋的词”“春恨的词”“秋思的词”“羁旅的词”“艳情·闲适·怀古的词”“咏物的词”十个部分。

另外，日本学者的宋词研究主要有：中田勇次郎《宋代的词》，弘文堂书房，1940；波多野太郎《宋词评释》，樱枫社，1970；花崎采琰《爱情的宋词》，东方文艺会，1981；青山宏《唐宋词研究》，汲古书院，1991，此书以唐五代代表词集《花间集》的词、北宋诗人秦观的词、南宋张炎玉的词为中心进行了论述；中原健二《宋词与语言》，汲古书院，2009，此书主要有“宋词与其表现”“宋人与诗语”“词与北曲”“附论”四个部分，其中在“宋人与诗语”中对“断肠”“春归”“李义山‘乐游园’”“韩愈的‘约心’”进行系统分析。

---

① ［日］村上哲见：《中国文人论》，汲古书院 1994 年版，第 76 页。

（三）宋词在法国的传播与影响

宋词在法国的传播较晚，其传播热潮大致兴起于20世纪六七十年代，这一时期法国著名的诗文研究者主要为戴密微。戴密微及其弟子在中国古典诗歌方面的研究，堪称这方面的卓越成果之一。在他的主持和带领下，1962年，在巴黎出版了《中国古典诗选》。《中国古典诗选》集法译中国古诗之大成，翻译了上至《诗经》下至清诗共374首古诗，选译了204位中国古典诗人的作品，除了直接从中文翻译过来之外，还收集了不少前人的成果。

（四）宋词在其他国家的传播与影响

加拿大对宋词研究最具代表性的学者当属叶嘉莹，其主要著作有《中国古典诗歌评论集》《迦陵论词丛稿》等。一方面，叶嘉莹全面考察宋词作者生活的年代背景、社会环境，综合起来以更加全面而准确地解读宋词作者的心理世界，从而达到对于宋词主旨最为贴切的理解；另一方面，叶嘉莹深入分析中西方文学作者思维习惯与思维差异，运用对比的方式，发现宋词与其他文学作品的不同之处，并针对这些“点”深入研究，以实现中西文学的对比研究。

总之，宋词在海外所受的关注虽不如唐诗高，但也属于中国古代文学的重要代表，对于部分国家产生了广泛的影响。例如，宋词的写作手法丰富了西方的文学类别，宋词婉约之风也为世界文学增添了注重“意蕴美”的发展新方向。

## 第三节　中国古典小说在海外的传播及影响

### 一　中国古典小说简介

（一）中国古典小说的渊源

中国古典小说的兴盛较晚，构成小说的重要因素却是古已有之。例如，神话传说、民风民俗、寓言典故均为古典小说的题材。

中国传统神话的萌芽较早，之后传统神话与道教思想、佛教思想互相结合，形成了比较系统的神话体系，内容极为丰富。同时，神话体系也不断向多样性的方向发展。例如，我国不仅有道教神话，还具有比较丰富的佛教神话内容。在道教中，有严明的等级制度，包括“真人”“天尊”“大帝”等，佛教中的人物也有不同的身份，包括“尊者”“罗汉”“佛”等。这些神话内容均成为古典小说深厚的滋养。

此外，我国古代的神话故事更是数不胜数，如“女娲补天”“夸父追日”“精卫填海”“雷泽华胥”“神农尝百草”“伏羲画卦”“北冥鲲鹏”等。在女娲相关的神话故事中，则有“抟黄土做人。剧务，力不暇供，乃引强于泥中，举以为人。故富贵者，黄土人；贫贱者，引亘人也”①。

中国地大物博、民族众多，由于地理环境各异，各民族的生活习惯也有极大不同。远古时期，人们无法与自然抗衡，不同地区有不同的自然灾害与蛇虫猛兽，于是人们为了祈求庇佑，则根据其居住地的特征形成了不同的民风民俗。例如，人们祭祀山神、风神、水神等人格神，人们信奉不同的图腾等。关于民风民俗的记载较多见于先秦志怪小说《山海经》，《山海经》中描写了大量离奇的动植物与风俗习惯，其荒诞程度令人称奇，然而其中内容却不乏为后世小说创作者所引用。另外，成书较晚的《梦粱录》《东京梦华录》《风俗通义》《水经注》等著作中也包含大量的民风民俗，这对于古典小说作者的写作思维有极大的丰富与促进作用。

在中国特定的地理因素与生产方式影响下，古人产生了内敛、内向、保守的思维习惯。在这种思维习惯的影响下，中国人在交流时往往并不采用平铺直叙的方式，而喜欢采用较为隐晦的语言手法，以表达文字背后更为深层的含义。

---

① 武建雄：《中国古典小说名著的现代阐释》，中国海洋大学出版社2018年版，第3页。

于是，寓言故事逐渐产生。例如，在春秋战国时期，社会动荡、诸侯纷争，诸多思想家、纵横家奔波游走于各诸侯国之间，希望游说诸侯，令其采纳自己的治国主张与方略。为了达到游说成功的目的，又不想因言辞过于直白而激怒他人，他们便采用寓言这种手法，将所要表达的道理蕴含于通俗易懂、风趣幽默的寓言故事之中。“从写作方法上来看，寓言是一种叙事文学样式。它对于后世的小说创作产生了较大的影响，主要表现在虚构人物、故事情节的方法与刻画人物。”① 例如，《庄子》《韩非子》《吕氏春秋》等典籍中就包含大量的寓言典故，这些内容都成为后世古典小说的创作素材。

**（二）中国古典小说的发展**

中国古典小说的发展大致可分为四个时期，分别为发展期、成熟期、演变期、繁荣期。

1. 发展期（先秦至南北朝）

先秦至南北朝为中国古典小说的发展期，这一时期中国古典小说经历了从无到有的质变过程。先秦时期，在神话、民俗、寓言等影响之下，小说开始产生并取得较快发展。进入汉魏时期，小说的发展速度进一步加快，这时出现了志人小说与志怪小说。

志人小说指描述人物言行的小说，最具代表性的莫过于《笑林》《魏晋世语》《郭子》《名士传》《西京杂记》《世说新语》等。“《世说新语》为刘义庆所撰，分为‘德行’‘政事’‘言语’‘文学’等三十六门，主要记述东汉末至东晋间士族文人的言行轶事，内容大都采集汉魏以来小说和诸子、史传中的故事成分，广泛反映了当时上流社会的种种风尚，是一部中古文化的百科全书。”② 《世说新语》对后世小说发展影响极大，为后世小说提供了十分丰富的素材。

① 武建雄：《中国古典小说名著的现代阐释》，中国海洋大学出版社 2018 年版，第 4 页。

② 武建雄：《中国古典小说名著的现代阐释》，中国海洋大学出版社 2018 年版，第 5 页。

志怪小说在神话故事的影响下产生，加之两晋时期方士众多，热衷于求仙问道，于是志怪小说便多了起来。较为著名的志怪小说包括《列仙传》《列异传》《汉武故事》《十洲记》《搜神记》《幽明录》等。志怪小说一般以神话故事与民间传说为主题，描述出一个个荒诞离奇的故事，其中也常常能够反映社会中所存在的现实问题，具有一定的现实意义。

2. 成熟期（唐朝）

“古代小说于唐代实现了成熟与定型，其标志就是唐代传奇的出现。”[①] 唐代传奇是一种短篇小说，记载内容丰富，生活气息十分浓郁，具有很强的社会性。

唐代传奇一般包含单篇传奇与文言小说两种形式，单篇传奇的代表作有《古镜记》《梁四公记》《游仙窟》等，文言小说有《纪闻》《广异记》《灵怪录》等。唐代传奇在小说的体制上、内容上均有了较大发展，传奇中的人物形象十分丰富，故事情节曲折离奇，引人入胜，小说整体结构严谨，各方面已经趋于完善。总之，“唐传奇对后世小说创作产生了重要影响”[②]。

3. 演变期（宋元）

宋元时期，小说在唐代的基础上，又进行了进一步的发展，并产生了重大变革，即采用白话语言、以讲唱为主的话本，取代了传奇的统治地位。

话本是说书人讲唱故事所运用的底本。宋朝虽然军事实力不够强盛，但是社会的经济水平与文化水平却保持着稳定发展，人们具有一定的精神享受追求，于是话本便应运而生。话本有些类似今天的说书，是宋元时期人民群众喜爱的休闲方式，无论是王公大臣、贵族官员，

① 武建雄：《中国古典小说名著的现代阐释》，中国海洋大学出版社 2018 年版，第 7 页。

② 武建雄：《中国古典小说名著的现代阐释》，中国海洋大学出版社 2018 年版，第 8 页。

还是平民百姓都有听话本的权利，如此庞大的受众，促进了话本的发展。话本题材丰富、种类多样，如罗烨《醉翁谈录》所述，话本题材可分为“灵怪、烟粉、传奇、公案、朴刀、杆棒、神仙、妖术八类”①。以上题材大多取材于现实生活，小说主人公多为市民阶层，与话本的听众阶层相似，更容易使听众产生共情之感。

话本的表达方式接近口语形式，内容包罗万象而又与日常生活贴近，故事情节曲折生动，在古典小说发展史上起到了承上启下的重要作用。

4. 繁荣期（明清）

经过了唐宋时期的发展，古代小说已经积累了广大的受众，其内容也不仅限于神话、寓言等故事，而是在包含此前内容的同时，更加大众化、社会化、现实化，衍生出了丰富的种类。

明清时期小说从思想内涵和题材表现上来说，最大限度地包容了传统文化的精华，而且经过世俗化的图解后，传统文化以可感知的形象和动人的故事走进了千家万户。最具代表性的莫过于四大名著：《三国演义》《水浒传》《西游记》《红楼梦》。此外，还有许多其他小说也产生了较大的社会反响。例如，《儒林外史》《醒世姻缘传》《隋唐演义》《说岳全传》《三侠五义》《女仙外史》《镜花缘》《雷峰塔奇传》《醉醒石》《五色石》《无声戏》《十二楼》等。

总之，这一时期的小说种类十分丰富，文学体式与表现手法十分完善，其丰富完备的故事情节将古典小说推向了历史发展的最高峰，铸就了中国古典文学的灿烂与辉煌。

## 二　中国古典小说在亚洲的传播与影响

中国古典小说自唐宋时期开始成熟完善，于明清之际走向繁荣，

---

① 武建雄：《中国古典小说名著的现代阐释》，中国海洋大学出版社2018年版，第9页。

其海外传播便是于此时开始的。由于亚洲各国与我国毗邻，所以古典小说在日本、朝鲜等国的传播较为广泛，我国与欧美各国远隔重洋，而且中西文化差异较大，小说于西方社会产生的影响明显弱于亚洲国家。

**（一）《三国演义》在亚洲的传播与影响**

在日本，《三国演义》于17世纪末传入，最早的译本为《通俗三国志》。早在1689年，湖南文山就将《三国演义》译成了日文，这是《三国演义》在国外最早的外文译本。从此之后，《三国演义》不断被亚洲、欧洲和美洲各国译成各种版本，在民间传播，并均获得高度评价。日本有关《三国演义》的改写也有很多，如吉川英治《三国志》、北方谦三《三国志》、柴田炼三郎《英雄在此》等。日本有关《三国演义》人物形象研究的著作已经出版了包括守屋洋的《三国志的人物学》（1981）、城野宏的《诸葛孔明的战略与战术》（1984）、川合康三的《曹操　横槊赋诗》（1986）、金文京的《三国演义的世界》（1993）、井波律子的《三国演义》（1994）、堀敏一的《曹操》（2001），以及近年来由三国志学会事务局长渡边义浩所著《关羽　神化的〈三国志〉英雄》（2011）、《三国志的魅力　英雄们的志向》（2015）等。此外，与人物研究相关的文章还有金文京的《关羽之子与孙悟空》（1986）、土屋文子的《隆中·武当山·卧龙岗——诸葛亮的道教性格》（1993）、角谷聪的《三国故事的形成——以蜀地方所传张飞庙说话为中心》（2005）等。

朝鲜曾在相当长的历史时期内为我国的属国，我国的各种文化都对朝鲜产生了极大影响。自《三国演义》传入朝鲜之后，朝鲜贵族由于长时间与中国交流，较为精通汉语，对于《三国演义》的解读较为贴切，一时间，《三国演义》成为人们在朝鲜宫廷中见面必谈的内容。

也由于朝鲜精通汉语，阅读原本《三国演义》并无较大压力，所以其译本出现较晚。值得注意的是，《三国演义》在朝鲜盛行还有另外一个原因，曾经朝鲜也出现过与中国三国时期相似的历史阶段，当时的朝鲜为新罗、百济、高句丽三分天下，颇有中国魏、蜀、吴三分天下之势。对于《三国演义》广泛学习和吸收，有助于朝鲜更好地总结曾经的经验，以应对未来所可能出现的各种变数。

另外，东南亚的越南、泰国等也对《三国演义》情有独钟。例如，越南人民极为崇拜关羽，当地建有许多关帝庙，并供奉关羽画像。又如，泰国曾将泰文版的《三国演义》作为历史教科书。

**（二）《水浒传》在亚洲的传播与影响**

《水浒传》以梁山一百零八好汉为主要人物，每位角色都有其各自的特色，生动形象，活灵活现。日本文学界十分推崇《水浒传》，1757 年，日本《水浒传》第一个译本完成，名为《通俗忠义水浒传》。50 年后，日本作家泷泽马琴在之前译本的基础上，加入自己的发挥与创作，进行了更加全面地解读，加入丰富的绘画与插图，完成《新编水浒画传》，该作品以文字配上插图的形式，更加生动地表现出各个人物的形象，对日本文学发展影响深远。

《水浒传》传入朝鲜的时间较早，大致于 17 世纪早期。《水浒传》传入朝鲜之后，许多作家对其给予了极高的评价，甚至在《水浒传》的基础之上，创作了朝鲜小说的重要代表作《洪吉童传》，该小说的创作手法与整体结构明显继承了《水浒传》。

**（三）《红楼梦》在亚洲的传播与影响**

《红楼梦》是一部具有世界影响力的人情小说，更是从各个角度展现女性美以及中国古代社会世态百相的史诗性著作。

公元 1793 年，《红楼梦》第一次传入日本。由于《红楼梦》的言辞较为晦涩，有些内容不易读懂，对于读者的阅读水平与理解能力有较高的要求，所以在传入日本初期并未产生较大影响，其受众并不广泛。直至 19 世纪末，日本统治者极为重视中国的文学佳作，极力倡导研究中国文学，这时《红楼梦》才以史诗巨著的身份于日本形成文学热潮。1892 年，森槐南的《红楼梦》第一回楔子的日文译本发表于《城南评论》，此为《红楼梦》的第一次日文译本。之后，日本关于《红楼梦》的译本数量和种类逐渐增多。

据史学家推测，《红楼梦》传入朝鲜的时间与日本十分相近，其传入朝鲜后，最初只在统治阶层内部流传，多数官员精通汉文，他们可以直接阅读，不需要凭借译本即可大致了解其内涵。后来，希望阅读《红楼梦》的人逐渐增多，而有部分人并不了解汉语，其译本便应运而生。进入 20 世纪之后，《红楼梦》的朝鲜译本越来越多，也不仅在统治阶层流传，平民百姓也可阅读，对于社会影响巨大。

**（四）《西游记》在亚洲的传播与影响**

“随着中华文化在海外传播的日益广泛，《西游记》不断走向世界。西游记文化成为世界文化产业的一座宝库，是取之不尽、用之不竭的文化富矿。”[①]《西游记》作为一部前无古人、后无来者的优秀神话巨著，在不同国度、不同文化领域都广受欢迎，现已被译为多种版本，包括英文、法文、德文、俄文、捷克文、意大利文、西班牙文、罗马尼亚文、日文、朝鲜文、越南文等文字。

据记载，《西游记》首先传入日韩等国，一方面由于中日韩均属于亚洲国家，距离较近，文化的传播比较容易实现；另一方面由于中日韩等国都具有相似的思想，如儒家思想、佛教思想等。所以，具有深厚佛教背景的《西游记》更容易融入日韩等国。

在日本，日本漫画之父手冢治虫 1952 年创作了漫画《我的孙悟空》，并在杂志上连载，后来还拍成了动画乃至电影与电视剧。不过，日本所拍摄的《西游记》与中国大众眼中的《西游记》有所不同，日本《西游记》唐僧由女性扮演，观音菩萨由男性扮演。但是无论怎

① 李海川：《以〈西游记〉为代表的中华文化海外传播策略研究》，《淮海工学院学报》2017 年第 6 期。

样，《西游记》对于亚洲各国所产生的影响是持续存在的。

在韩国，由于地缘环境的影响，朝鲜半岛文学到19世纪末为止都处于中国文学的影响之下。通常认为，《西游记》是在高丽王朝末期传入朝鲜半岛的。例如，当时流行的汉语教科书《朴通事》中已收录了元代《西游记平话》的部分内容《车迟国斗圣》。《朴通事》编修的年代是1347年，据此可知《西游记》最晚在高丽末期已经传入韩国。如今韩国方面可以确定的百回本《西游记》最早传入的文献记载见于朝鲜文人许筠的《惺所覆瓿稿》第13卷《西游记跋》。《西游记》传入朝鲜半岛后，引起了文人阶层的极大兴趣。洪万宗的《旬五志》、沈綷的《松泉笔谭》、李圭景的《小说辩证说》等书中都有关于《西游记》的内容。

**（五）《聊斋志异》在亚洲的传播与影响**

《聊斋志异》作为我国志怪小说的代表作，虽未被收录于“四大名著”，但其影响却不容忽视。在一定程度上，《聊斋志异》所要体现的主旨并不只是神魔与玄幻，而是在背后所蕴含更深层的含义，包括伦理色彩等。所以，《聊斋志异》受到海外学者广泛关注。

《聊斋志异》成书于公元1679年前后，作者为蒲松龄，这时该书基本成型，但是有些细微之处仍需完善。后又经过作者与其他学者共同“雕琢”与加工，其完整本终于问世。《聊斋志异》以神怪故事为内容，以独特的视角为出发点，深刻展现了当时社会的人情冷暖，影响极其深远，人们对其争相传抄。

据记载，《聊斋志异》在公元1766年形成青柯亭本，之后经过海运传到日本。正如日本学者藤田佑贤认为，《聊斋志异》于公元1784年传入日本。传入日本之后，其引起了日本文学界的轰动，许多学者对其产生高度的重视，并进行了大量翻译和改编工作。例如，神田民卫于1887年撰有《艳情异史》，其中收录了《聊斋志异》的部分内容，包括《细柳》《五通》《恒娘》《寄生》《王桂庵》；小金井君子于

1890 年翻译了《聊斋志异》中的代表作品《画皮》；矢野龙溪于 1903 年邀请日本著名文学家国木田独步对《聊斋志异》部分篇章进行了系统性翻译。

之后，在 20 世纪日本对于《聊斋志异》的改编、整理、翻译工作从未停歇。可见，在我国享有盛誉的《聊斋志异》在日本依然展现出迷人的文学魅力，吸引大量日本学者进行广泛研究。

《聊斋志异》传入朝鲜、韩国基本与日本同时，正如高丽大学教授崔溶澈所认为，《聊斋志异》在 18 世纪中叶就流传到了朝鲜半岛。不过传入初期对于该书的研究并不充分，翻译工作也规模较小。

大致到了 20 世纪后期，《聊斋志异》开始引起强烈反响，朝鲜半岛的人民对其表现出十分强烈的追捧与喜爱。这一时期的翻译内容较为全面，翻译本较多，多达 400 多篇。同时，由于先秦时期朝鲜半岛曾建有“箕子朝鲜”，中国文化对该地区在历史上便有大量渗透，所以朝鲜半岛居民理解《聊斋志异》也更加容易。因此，此后多年之中该书在朝鲜半岛得到了较为广泛的传播。

另外，由于古时我国曾有大量南部居民迁入越南等地，所以我国各种文化与发明在越南的传播都较为广泛，这主要得益于两国相似的文化渊源。

自 20 世纪开始，《聊斋志异》的翻译本开始在越南地区大量出现，许多作者并未以本名来命名译本，而是习惯选取其中某一章节的名称作为书名。其中，最为著名的译本当属散陀于 1937 年所出版的《聊斋》。一方面，散陀本人的生平经历与《聊斋志异》作者蒲松龄十分相似，二人都极具才华却又在仕途上四处碰壁，郁郁不得志；另一方面，散陀对于中国文化具有比较深刻的研究，他在理解中国文学时更加深入和全面。此外，《聊斋志异》在亚洲的其他国家也有所传播，并产生一定的影响，此处不做过多赘述。

总之，《聊斋志异》在亚洲的影响不容忽视，其不仅有利于传播中国文学文化，还有利于展现中国古代社会面貌，提升中国对于周边国家的影响力。

## 三　中国古典小说在欧美的传播与影响

### （一）《三国演义》在欧美的传播与影响

《三国演义》在欧美地区虽然也有所传播，但是传播的广度与深度与亚洲国家无法相比，许多欧美国家对于该文学巨著并未引起足够的重视。例如，法国、德国、比利时等国甚至对《三国演义》的翻译工作都未完整进行。

不过，少数欧美国家发现了《三国演义》的重要价值。例如，美国、英国对于《三国演义》的研究较为深入。纵观历史，公元2—3世纪古罗马已经与东汉有所交流，当时的西方社会已经得知中国处于“三分之势”。进入20世纪，西方社会想要更加深入了解中国这段历史。于是，20世纪中叶，美国、英国都有大量的《三国演义》译本问世。第二次世界大战结束之后，美国认为中国虽然当时国力不强，但是其作战结果往往出人意料，于是探寻典籍，试图发现《孙子兵法》背后的奥秘，尤其是西点军校，甚至把《孙子兵法》作为每一位学员的必修课。而学习《孙子兵法》的辅助教材便是《三国演义》，所以在一段时期内，《三国演义》对于美国人民的影响十分深刻。

### （二）《水浒传》在欧美的传播与影响

《水浒传》在欧美地区的传播始于19世纪中期，法国汉学家巴赞首先了解到这一著作极高的文学造诣，并对其中的部分内容进行了翻译。1978年，法国葛利玛七星出版社以最高规格出版发行了《水浒传》的法文全译本，这足以看出法国人十分重视这一巨作，并在印刷出版时用皮面烫金边。

在德国，《水浒传》有1927年阿尔伯特·阿伦斯译本与1934年库恩译本。前者的译本为节译本，书名为《强盗与士兵》，后者的译本为编译本，对原著进行了较大规模的删减与修改。《水浒传》原著有120回，库恩将其改为10卷，共120节。总的来说，库恩的译本对于人物内心把握较为准确，注重故事的完整性，逻辑连贯，在一段时间内，库恩译本都被奉为权威。

在英国，《水浒传》的译本较多，可见英国对于《水浒传》比较重视。1923年，翟丽恩曾翻译过《水浒传》的一部分内容。后来其他英国译者对其进行了丰富与发展，并在英国社会广泛传播。例如，杰弗里·邓罗的70回译本于1929年大量出版。

在美国，1933年，美国著名作家赛珍珠对70回本进行了重新翻译，并将书名更改为《四海之内皆兄弟》，并大量印刷出版。该译本是美国众多译本中最受欢迎、影响最大的版本。

**（三）《红楼梦》在欧美的传播与影响**

欧美国家对于《红楼梦》的第一次翻译始于19世纪中叶，当时英国领事罗伯特·汤姆仅将《红楼梦》中部分片段译成英文。不过，自此开始欧美国家对于《红楼梦》的研究呈现出逐渐增长的趋势。“1892—1893年英国驻澳门副领事焦里，在香港出版了《红楼梦》前56回的英译本，对扩大《红楼梦》在英语世界的传播起到一定作用。20世纪以来，随着《红楼梦》的国际影响越来越大，一些优秀的英译本相继问世。”① 直到1974年，《红楼梦》的第一个全译本终于问世，它由英国戴维·霍克斯完成，该版本用词十分准确，刻画人物性格十分生动，是西方国家研究《红楼梦》历史上不可忽略的重要版本之一。

在德国，研究《红楼梦》的学者主要有威廉·格鲁伯、爱德华·埃尔克斯、卫礼贤等。其中，卫礼贤于1926年出版的《中国文学》

① 贾春增、邓瑞全：《承传与辐射：中华文化在海外的传播和影响》，开明出版社2000年版，第109页。

中有大量关于《红楼梦》的内容。在卫礼贤看来，《红楼梦》是一部不可多得的文学名著，其真实反映中国古代女性地位与古代社会的生活习惯，是西方研究中国历史的一个重要途径。

在俄国，早期研究《红楼梦》的学者主要有柯万科、帕纳修克。柯万科于1843年便已发表了《红楼梦》第一回的部分译文，1958年，帕纳修克正式出版了《红楼梦》俄文全译本。后来，又有大量俄国学者与作家对《红楼梦》进行广泛研究。例如，孟列夫、李福清、思切夫等。

在法国，关于《红楼梦》的相关研究起步较晚，译本现世于20世纪60年代，即阿梅尔·盖尔内将库恩的德译本转译而来。自此，《红楼梦》出现在了法国大众的视野之中。

起初，《红楼梦》法译版影响并不大，直到1981年李治华的版本出版之后，才在欧洲大陆引发轰动，各大媒体争相报道，一时间《红楼梦》相关报道与专题可以见于任何杂志与文章之中。总之，自19世纪以来，《红楼梦》在欧洲各国开始传播，其影响力起初较弱，但是后来随着优秀译本的出现，曾一度出现“红楼热潮”。

**（四）《西游记》在欧美的传播与影响**

《西游记》开始是以选译片段的形式传入欧美国家，一些西方学者对此也较为重视。对《西游记》进行研究的学者主要有翟理斯、亚瑟·韦利、比尔·詹纳尔、余国藩等。

余国藩经过大量研究，著有《西游记》的全译本，这对于在西方社会传播《西游记》这一巨著具有极大的助推作用。例如，余教授将“俺乃是五百年前大闹天宫的齐天大圣孙悟空!”译为“I'm Sun Wukong, the Great Sage Equaling Heaven who made havoc in Heaven five hundred years ago.”将“俺是花果山水帘洞美猴王。一个筋斗云，十万八千里，还有七十二般变化。”译为：“I am the Handsome Monkey King in the Water Curtain Cave of the Mountain of Flowers and Fruit. With my somersault cloud I can cover thirty-six thousand miles in a single bound.

Moreover, I can do seventy-two kinds of transformations.”可以看出，余教授的翻译十分生动贴切，表现出美猴王的心理特征。20世纪与21世纪之交，余国藩的《西游记》翻译之路并未停止。2006年，由他翻译的《西游记》简化版《美猴王与唐僧》出版。他亦对未删减版本进行了增补和修订，2012年，余国藩译《西游记》第二版问世。

翟理斯有《中国概要》《华英字典》《中国文学史》等著作，其中《中国文学史》对我国的诸多名著进行了研究，如《诗经》《楚辞》《左传》《聊斋志异》《西游记》《金瓶梅》《红楼梦》等许多经典作品，他还将《西游记》与英国约翰·班扬的《天路历程》进行比较研究，从中分析二者的异同。

亚瑟·韦利对《西游记》进行英译，将著作名称定为《Monkey》，并于1942年出版。亚瑟·韦利的翻译意义卓著。此外，亚瑟·韦利的《Monkey》基本放弃对原著宗教寓意的阐释及其拟人化手段的再现，同时强调“水”的象征意象，由此形成了新的叙事结构和美学效果。

比尔·詹纳尔将《西游记》译为《Journey to the West》，该著作最显著的特点便是翻译中几乎采取了音译的方式，如猪八戒直接译为“pig”，而对于悟空的名字，詹纳尔直接音译为“Wukong”，这样外国读者在阅读时会比较简单易懂。《西游记》中，作者运用了许多叠词，而詹纳尔对叠词的翻译处理恰到好处，他有时会通过英语音韵中头韵手法的使用，既忠实并通顺地翻译出汉语叠音词的词义，又保留了原文的音韵特点，力求使译文无论在含义还是音韵上都达到统一程度。此外，《西游记》是章回体的小说，十分注重对仗，对标题的翻译很考验译者的“功底”，詹纳尔在这一方面处理得也比较精妙。例如，詹纳尔将第七回“八卦炉中逃大圣，五行山下定心猿”翻译为“The Great Sage Escape From The Eight Trigrams Furance, The Mind-Ape Is Fixed Beneath Five Elements Mountain”。总的来看，詹纳尔的译本中直译较多，具有很强的可阅读性，为《西游记》在西方的传播起到很大的推动作用。

现代社会媒体技术有了较大发展，《西游记》也开始出现在欧美等国的荧幕之上。例如，2009 年美国拍摄了以孙悟空为主角的电影《龙珠：进化》并在全球公演。德国于同年元旦在 Super RTL 电视台播出与美国合作的《美猴王》受到广泛好评等。

**（五）《聊斋志异》在欧美的传播与影响**

《聊斋志异》在欧美各国的传播大致开始于 19 世纪中叶。1840 年，鸦片战争爆发，中国由此进入半殖民地半封建社会，西方列强侵略中国，中国的文化与思想也传入西方世界，其中包括文学巨著《聊斋志异》。

1842 年，郭实腊发现了《聊斋志异》在文化史上的重要性，其认为该著作极具讽刺性，能够反映中国明清社会的部分真实情况，便开始对其进行研究。此后，多名汉学家对该书持续关注，并相继进行翻译工作。

例如，汉学家卫三畏的《中国总论》是第一部由美国人写的关于中国历史文化的书籍，其中有《聊斋志异》若干部分翻译和重构。张宏生指出，以《聊斋志异》中的《骂鸭》和《种梨》为例，卫三畏注意到了中国小说中的奇思妙想和道德劝诫。张强认为，卫三畏《聊斋志异》的英译，一方面，以语言教学为目的，为帮助读者的理解进行了不同程度的意译或改写。如《种梨》卫三畏英译为“Hardheartedness Punished”，《骂鸭》英译为“A Thief Detected”等；另一方面，以传播价值导向为目的。卫三畏在注意到了中国小说中关于儒释道思想的侧重的基础上，“一方面有意规避蒲松龄对原文故事的阐释，另一方面选取宗教隐喻强烈的词语，甚至重写文末评论的方式暗示以基督教改造中国社会的可行性、必然性和迫切性”[①]。

① 张强：《中国志怪小说的叙事重构：以卫三畏英译〈聊斋志异〉为例》，《中国比较文学》2018 年第 3 期。

梅辉立将《聊斋志异》中的《酒友》《织女》《嫦娥》进行了翻译。汉学家阿连璧也曾以《聊斋志异故事选》为总题，译出18篇故事，连载于19世纪70年代香港版《中国评论》，主要是《考城隍》《狐嫁女》《娇娜》《细柳》《赵城虎》《长清僧》《青蛙神》《崂山道士》《云萝公主》《偷桃》《巩仙》《西湖主》《夜叉国》《丐僧》《宫梦弼》《画皮》《仇大娘》《张诚》。另外，最值得一提的是汉学家翟理斯所翻译的《聊斋志异选》，翟理斯本就对中国传统文化具有浓厚的兴趣，加之其人学术素养极高，在理解中国文学内涵与精神时极为准确，其《聊斋志异选》自然成为西方近代研究《聊斋志异》的重要作品。

在法国，《聊斋志异》也有一定的影响。“法译文《聊斋志异》最早发表的也是单篇，当属法国领事、汉学家于雅乐（中文名）翻译的《种梨》，发表于巴黎版《亚洲杂志》1880年第117期。接下来就是选译本。较早的是中国驻巴黎公使馆的总兵衔军事参赞陈季同将军编译的《中国故事集》，收录26篇，1889年在巴黎出版。接下来是法国耶稣会神父、汉学家戴遂良编译的《汉语入门》第五卷，收数十篇聊斋译本，这是为法国人学习汉语编写的法汉对照课本，1895年出版。”①

除了西欧之外，东欧也对《聊斋志异》有所研究，一些俄罗斯人民对于该书十分喜爱。自20世纪前中期开始，一些中苏文学家深入研究《聊斋志异》，进行了大量翻译工作。例如，20世纪30年代阿列克谢耶夫的译本，1950年的安德里斯·伊欣版，1957年的费德林版，1977年里任尼夫斯基版，1973年及1983年的艾德林翻译编选的各版。

① 李志红：《〈聊斋志异〉海外传播及其特点》，《山东理工大学学报》2017年第2期。

# 第四章 “天涯共此时”

## ——中国传统节日在海外的传播及影响

## 第一节 春节在海外的传播及影响

中国春节海外传播情况研究是传统节日文化研究的重要领域，同时也是目前我国对于节日研究比较薄弱的环节。纵观历史，我国春节文化早已于海外多国之中传播开来，相关领域的研究却为数不多。相关研究人员应当深度挖掘春节的文化内涵，并探寻春节对于海外各国所产生的影响，从而为更进一步宣传传统节日文化提供参考与借鉴。

### 一 春节简介

春节，指农历新年。春节并非某一天，而是一段时间，按照传统习俗，每年的农历腊月二十三至正月十五，期间都属于春节。其中，除夕夜与大年初一是春节的“重头戏”，是春节最关键的时间。

关于春节的起源，民间则有不同的说法。广泛认可的说法是春节源于上古时代，当时人们生产力水平较低，不过已经初步有了关于节气的认知，人们知道在什么时间迎来春天，万物复苏，适宜耕种。二十四节气是中华民族悠久历史文化的重要组成部分，在人们日常生活中发挥了重要作用，具体如表4－1所示。

**表4－1　　　　二十四节气**

| 春 | | 夏 | | 秋 | | 冬 | |
|---|---|---|---|---|---|---|---|
| 立春 | 2月3日或4日。 | 立夏 | 5月5日或6日或7日。 | 立秋 | 8月7日或8日。 | 立冬 | 11月7日或8日。 |
| | 立春，正月节。立，建始也，五行之气，往者过，来者续，于此而春木之气始至，故谓之立也，立夏秋冬同。 | | 立夏，四月节。立字解见春。夏，假也。物至此时皆假大也。 | | 立秋，七月节。立字解见春。秋，揪也。物于此而揪敛也。 | | 立，建始也。冬，终也，万物收藏也。 |
| 雨水 | 2月18日或19日或20日。 | 小满 | 5月20日或21日或22日。 | 处暑 | 8月22日或23日或24日。 | 小雪 | 11月21日或22日或23日。 |
| | 雨水，正月中。天一生水，春始属木，然生木者，必水也，故立春后继之雨水。且东风既解冻，则散而为雨水矣。 | | 小满，四月中。小满者，物至于此小得盈满。 | | 处，止也，暑气至此而止矣。 | | 小雪，十月中。雨下而为寒气所薄，故凝而为雪。小者，未盛之辞。 |
| 惊蛰 | 3月5日或6日。 | 芒种 | 6月5日或6日或7日。 | 白露 | 9月7日到9日。 | 大雪 | 12月7日或8日。 |
| | 惊蛰，二月节，万物出乎震，震为雷，故曰惊蛰。是蛰虫惊而出走矣。 | | 五月节，谓有芒之种谷可稼种矣。 | | 白露，八月节。秋属金，金色白，阴气渐重，露凝而白也。 | | 大雪，十一月节。大者，盛也。至此而雪盛矣。 |
| 春分 | 3月19日或20日或21日或22日。 | 夏至 | 6月20日或21日或22日。 | 秋分 | 9月22日或23日或24日。 | 冬至 | 12月21日或22日或23日。 |
| | 春分，二月中。分者，半也。此当九十日之半，故谓之分。 | | 夏至，五月中，《韵会》曰：夏，假也；至，极也；万物于此皆假大而至极也。 | | 秋分，八月中。解见春分。 | | 冬至，十一月中。终藏之气至此而极也。 |
| 清明 | 4月5日前后。 | 小暑 | 7月7日或8日。 | 寒露 | 10月8日或9日。 | 小寒 | 1月5日或6日 |
| | 万物齐乎巽，物至此时皆以洁齐而清明矣。 | | 六月节。《说文》曰：暑，热也。就热之中分为大小，月初为小，月中为大，今则热气犹小也。 | | 九月节，露气寒冷，将凝结也。 | | 小寒，十二月节。月初寒尚小，故云。月半则大矣。 |

续表

| 春 | | 夏 | | 秋 | | 冬 | |
|---|---|---|---|---|---|---|---|
| 谷雨 | 4月19日或20日或21日。 | 大暑 | 7月22日或23日或24日。 | 霜降 | 10月23日或24日。 | 大寒 | 1月19日或20日或21日。 |
| | 三月中。自雨水后，土膏脉动，今又雨其谷于水也。 | | 大暑，六月中。解见小暑。 | | 霜降，九月中。气肃而凝露结为霜矣。 | | 大寒，十二月中。解见前。 |

于是，人们在“旧年尾”与“新年头”之交，希望获得众神的庇佑，祈祷来年风调雨顺，便要进行一系列祭神、祭祖的活动，此为最早的春节。它反映出中国古人对于逝者的尊重，对于天人合一的向往，以及对于大自然和众神的敬畏之情。虽然春节产生较早，其包含的部分习俗与内容与当代社会不完全相合，但是春节镌刻在人们内心中的精神影响深远。诚如历史事实所传达的，春节的魅力不仅在于其悠久的历史，更倾心于其厚重而多姿的文化内涵。

作为我国第一大传统节日，春节有其他节日难以替代的普及性。虽然我国疆域辽阔、民族众多，但是在这一时刻，无论哪一民族都会于祖国的各个角落共同欢度春节。如今，国与国之间的联系日益紧密，我国需要将文化传入海外，当然也包括传统节日文化。有人说，有些国家已经刮起了“中国节旋风”，中国节日已经在世界“遍地开花”。笔者认为，以上看法未免有夸张的成分，不过不可否认的是，我国的春节文化确实已经走出国门，在一些国家中形成一种时尚，并持续产生广泛的影响。

春节在海外的传播甚为广泛，无论是中国所处的亚洲地区，还是与我国相隔万里的欧美地区，都可以看到春节的“影子”。在欧洲，法国的Canalsat、Free IPTV，德国的Vodafone，西班牙体育数字广告公司等70多家播出平台转播我国春节联欢晚会（以下简称“春晚”）。在美洲，美国旧金山Comcast、美国中文电视、加拿大Bell、阿根廷Red Intercable等70多家播出平台转播英语、西班牙语等语言春晚。在中东地区，巴勒斯坦国家电视台、黎巴嫩国家电视台、叙利亚萨玛电视台和叙利亚国家电视台综合和戏剧频道同步转播了阿拉伯语春晚。

2021 年，通过中央广泛电视总台多语种、全媒体平台和覆盖全球的传播渠道，春晚的海外影响力和关注度再创纪录。据统计，全球 170 多个国家和地区的 620 多家媒体对春晚进行播出。其中，美国、法国、德国、意大利、俄罗斯、日本、巴西、澳大利亚、印度、阿联酋、马来西亚、南非等国家和地区的 358 家主流电视台、电台和新媒体对春晚进行实况转播或录播，全面覆盖 G7、G20、“一带一路”沿线国家等重点国家、主流媒体和重点人群。

## 二 春节在亚洲的传播与影响

### （一）日本

每逢春节，日本就要像中国一样举行热烈的庆祝仪式，就连许多习俗都与中国大同小异。然而，19 世纪日本经过明治维新之后，为了“脱亚入欧”，开始停止使用农历，而使用西方国家普遍使用的公历。

目前，日本已经将农历春节废止，不过在每年 1 月 1 日，日本仍然保留了从前春节的多数传统。例如，每年公历 12 月下旬开始，日本民众就会为了迎接新年开始做准备，他们会把家里打扫得一尘不染，有些家庭还会在家门前悬挂一根绳子，相传这是为了辟邪，以求得安宁。又如，有许多日本人会在新年时穿着传统和服，前往附近的寺庙或神殿祈福。饮食方面，“新年菜肴”（おせち料理）原本是在重大节日供奉给神明的，但由于一年当中节日较多，而春节又是其中最重要的一个节日，因此被保留下来。另外，在新年这一天日本有吃“迎新荞麦面、过年荞麦面”（年越しそば）的习俗，荞麦面又细又长，吃荞麦面也寓意着“长寿”“健康”“家业兴旺”等心愿与祝福，而且荞麦面易咬断也有切断一年的厄运，新的一年万事顺意的意思。

另外，日本人还喜欢在新年时挂春联、做福袋，有些春联上所书写的文字为汉字，包括中国传统诗词、成语典故等，从中可以明显看出中国春节习俗所产生的影响。同时，在新年这一天日本也保留着长辈给晚辈“红包”（お年玉）的习俗。

值得注意的是，虽然日本“脱亚入欧”，改用公历，但是其受到中国传统文化影响多年，在某些地区和人群之中，仍然广泛沿用中国传统春节的部分活动。例如，日本横滨、神户、长崎中华街在每年的农历春节时举办“中国春节祭”活动，成为当地的旅游产业之一（图 4 –1、图 4 –3）。每至“中国春节祭”，日本就会有舞龙、舞狮、杂技等表演。神户南京町的春节活动从 1987 年开始每年举办，并在 1997 年成为神户市地域无形文化财产（图 4 –2）。在活动期间，会有舞龙、舞狮、太极拳等表演，也有扮演中国历史人物孔明、刘备、关羽、杨贵妃等游行活动。

**图 4 –1　日本长崎中华街春节期间的灯会**

可见，虽然如今的日本主要是过 1 月 1 日新年，但是中国对其产生的影响不可磨灭，每年 1 月 1 日和传统农历春节均可见到许多传统春节的文化习俗。

**图 4－2　日本神户南京町中华街春节活动①**

**图 4－3　日本横滨中华街春节活动**

### （二）朝鲜半岛

在历史上，韩国与朝鲜两个国家曾为“同源”，其文化底蕴、节日习俗较为相似，此处便统一进行论述。对于韩国与朝鲜而言，春节是最重要的节日之一，韩国称春节“舍尔”。

---

① 日本神户南京町、横滨中华街图片均来自“熱烈歓迎！横浜・神戸・長崎の日本三大中華街の春節イベントを楽しもう – Tripa（トリパ） | 旅のプロがお届けする旅行に役立つ情報”。https：//www. nta. co. jp.

韩国与朝鲜受到中国春节文化影响颇深，主要体现在以下几点。

第一，韩国与朝鲜重视大年初一拜年，在韩国，人们称早上的拜年为“祭礼”“岁拜”。他们认为这是比除夕守岁更为重要的一天，这一天承载了太多的民俗文化，意味着新的一年的开始，所有事情必须要包含美好的寓意，对于长辈的祝福必须要认真对待。

第二，韩国与朝鲜人民较为重视大年初一的着装，在他们看来，春节时所穿服装的颜色代表着新年的心情。每逢春节，人们都会穿上十分鲜艳的服装，格外引人注目。

第三，韩国与朝鲜也会在春节时吃年糕。而朝鲜除了吃年糕之外，还会制作“甜饭”，“甜饭”包含糯米、松子、蜂蜜等多样食材，其外观与口感与我国的八宝饭十分相似，从中不难看出中国饮食文化在韩国与朝鲜的传播与影响。

**（三）新加坡**

中国春节对于新加坡的影响甚至超越了日韩等国，这主要是因为新加坡中大多数居民为华人。在新加坡，春节的习俗文化与中国基本一致，在新加坡过春节，好似回到中国一样。

每逢春节，新加坡华人家庭都会在除夕夜一起吃一顿丰盛的团圆饭。大年初一，晚辈会毕恭毕敬给长辈拜年，长辈则会把提前准备好的红包发给晚辈。中午，一家人会一起吃各种美食、糕点。在新加坡华人的影响之下，许多非华人家庭也深刻感受到春节的“年味”，并与华人一起过春节。

**（四）马来西亚**

在马来西亚，春节也是十分重要的节日，这从其政府的相关规定便可看出，马来西亚政府规定每年春节放假，其主要的习俗与我国也并无二致。

不过，在马来西亚国内的不同地区，春节习俗有着细微的差异。例如，马来西亚的怡保地区人民每逢春节就要端着蜡梅回家过年，在他们看来，蜡梅象征着吉祥如意，而在马六甲人们则习惯在春节期间高高挂起红彤彤的灯笼。

**（五）泰国**

泰国完整保留了中国春节的大部分习俗，如果在泰国过春节，其春节的喜庆气氛甚至不亚于中国。在泰国，鞭炮声不绝于耳，大街小巷都洋溢着喜庆的气氛，张灯结彩，热闹非常。人们除了祭祖、拜年、贴春联之外，还要穿上新衣，吃团圆饭，喜悦之情溢于言表。

**（六）越南**

越南与泰国一样，基本保留了中国春节的传统习俗，包括除夕守岁、吃团圆饭、祭拜祖先等诸多活动。值得注意的是，越南春节比中国春节多了几分宗教的氛围，由于越南的民众普遍信奉佛教，平日里，许多虔诚的信徒就会经常前往寺庙烧香拜佛。在春节，寺庙的香火会比平日更旺。人们都希望在新的一年里获得更好的运势，求得平安幸福。

## 三 春节在欧美与其他国家的传播与影响

春节在欧洲的传播比亚洲诸国略晚，大致于20世纪后期乃至20世纪与21世纪之交才逐渐开始，不过，一经传播，春节就展现出了较大的影响力，在欧洲社会不断“蔓延”。

**（一）英国**

英国人比较重视春节，20世纪后期，每逢春节英国唐人街总是人满为患，人们一同庆祝，除了华人之外，还有许多国际友人参与其中，感受春节的魅力。

进入21世纪，春节在英国的影响更加明显。例如，2000年跨年之时，英国王储查尔斯王子甚至来到伦敦华埠，与华人华侨欢度春节。节日之喜庆氛围异常浓郁，热闹程度堪比国内春节。又如，英国首都伦敦的特拉法加广场为英国著名景点，也是伦敦市区颇具代表性的旅游地，由于中国节日文化的影响，每逢春节大量英国人与海外华人会共同聚集于此，庆祝春节，欢欢喜喜度过“中国年”。2007 年，特拉法加广场甚至出现几十万人同时高呼“恭喜发财”的盛大场面。

另外，对于注重饮食的英国人来讲，春节这样盛大的节日一定少不了精致可口的中国菜肴。每逢春节，英国的各大餐厅（西餐厅与中餐厅）都会提前准备好丰盛的中式菜肴，并挂起灯笼，这成为英国大街小巷中一道道亮丽的风景线。

**（二）法国**

如果说英国过春节是不同家庭、不同国度的人群齐聚一堂，共同欢度，那么法国人过春节则是以家庭为单元，在家里度过“自己的春节”。每逢春节之际，法国人总会在家里准备丰盛的年夜饭，除了传统法餐之外，还有中国传统饮食，如水饺、面条、年糕等。虽然没有亚洲地区互相拜年问早的习惯，但是各家都挂上红灯笼，节日的喜庆氛围亦十分浓郁。另外，为了迎接春节，法国著名地标埃菲尔铁塔也开启灯光秀，闪烁出红色光芒，象征着喜庆与吉祥。

自 2007 年起，法国巴黎市政府也会为了迎接春节，而在政府广场一带挂起中国国旗。据历史记载，法国从未于政府广场升起其他国家的国旗，从中可以看出法国极为认可中国春节，并将其作为法国多元文化发展的重要内容之一。

**（三）美国**

美国十分擅长吸收外来文化，擅长对其他文化进行创新、融合，自中国春节文化进入美国之后，美国人便以十分开放的心态接受春节文化，并将春节作为重要节日。同时，伴随日益增多的华人，春节在美国的影响力也是逐渐增强。近些年，美国政府对于春节的重视度进一步提升。例如，美国总统每年都会通过媒体，对国内所有华人致以诚挚的祝福。又如，2003 年春节成为纽约市的法定节日，春节这一天人们享受的待遇和其他合法的公共假日一样，每到中国农历新年，纽约标志性建筑帝国大厦1327只彩灯就会一改往日美国星条旗的颜色红、白、蓝，亮起华人喜爱的红色和金色，表示对中国农历新年的祝贺。2004年春节又成为纽约州的法定节日。如今，春节已经成为美国十几个州的法定节假日。在春节假期期间，美国人总会在一起举办聚会，模仿中国人春节期间的活动，包括挂灯笼、准备年夜饭，邮政局也会在每年春节之际发行一枚中国生肖邮票，这足见中国春节对于美国文化的重大影响。

**（四）加拿大**

春节在加拿大的传播较早，在19世纪曾有大批中国人进入加拿大，大量华人加入，令加拿大拥有了众多外来思想与文化元素，为其增添了多元发展的动力。从此，加拿大便开始具有了一些中国风的元素，这方面最显著的体现便是春节。在温哥华、多伦多、蒙特利尔等大城市，华裔社团与当地一些社区和管理机构联合举行贺岁活动。舞狮、秧歌、京剧、灯笼、剪纸、"中国结"等中华文化的"特产"深深地吸引着其他族裔的居民。进入20世纪，虽然春节并未被加拿大政府列入法定节假日，但是春节的节日气氛已经十分浓厚。每逢春节，加拿大都会有大量中国传统民间艺术表演，既有舞龙、舞狮、武术、杂技、太极等动态性的表演，又有剪纸、歌唱、年画等静态性的表演，中国韵味十足。

**（五）澳大利亚**

澳大利亚位于南半球，是一个以基督教文化为主体的西方国家，它和美国一样，也是个典型的移民国家。在这个国家，各大洲的人都有，其文化形态也是千差万别。

到2010年，澳大利亚已经连续数年发行中国农历新年的生肖邮票，澳大利亚的日历上现已标出了中国的农历新年。堪培拉的各政党领导，一到春节便纷纷向华人社区拜年，并称要感谢华裔先人"丰富了澳大利亚文化"，使澳大利亚成为一个有信心的和谐国家。

生活在澳大利亚的华人也有一个共同的感觉，那就是中国春节在这里是一年比一年热闹、一年比一年喜庆。越来越多的澳大利亚当地人在春节这一天会用中文说“新年好”“恭喜发财”，还有澳大利亚的主流英文媒体，有关春节的报道也日渐多了起来。

## 第二节　端午节在海外的传播及影响

### 一　端午节简介

端午节为我国四大传统节日之一，其中蕴含了中国人最为深沉的民族情感，又称端阳节、龙舟节、重午节、天中节等，是集拜神祭祖、祈福辟邪、欢庆娱乐和饮食为一体的民俗大节。端午节源于自然天象崇拜，由上古时代祭龙演变而来。仲夏端午，苍龙七宿飞升于正南中央，处在全年最“中正”之位，正如《易经·乾卦》第五爻“飞龙在天”。端午是“飞龙在天”吉祥日，龙及龙舟文化始终贯穿在端午节的历史传承中。

端午节是流行于中国以及汉字文化圈各国的传统文化节日，近年世界上越来越多国家和地区开始庆贺端午节。2006 年 5 月，国务院将端午节列入首批国家级非物质文化遗产名录，自 2008 年起，端午节被列为国家法定节假日。2009 年 9 月，联合国教科文组织正式批准将端午节列入《人类非物质文化遗产代表作名录》，端午节成为中国首个入选世界非遗的节日。

#### （一）端午节的起源

关于端午节的起源，学界有不同的说法，影响较大的为以下几种（图 4－4）。

1. 浴兰节说

这种说法认为端午节源于浴兰节，所谓浴兰节，指人们每逢农历的五月份，就会用兰草汤进行沐浴，以除恶疾、除毒。这种习俗在我

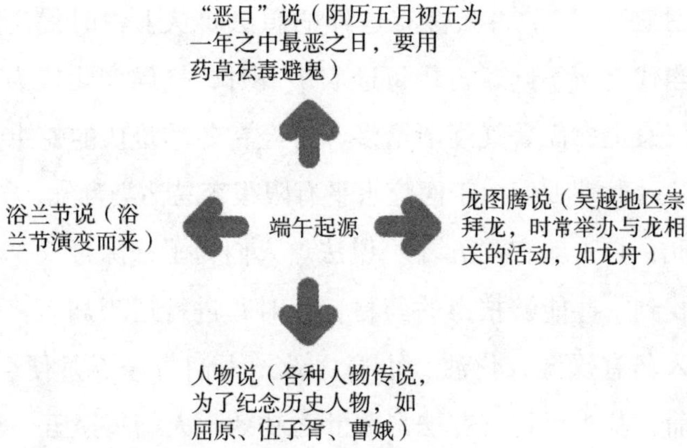


**图4－4 端午节起源“四说”**

国古代的许多典籍中均可以找到佐证。

《大戴礼记》有云：“五月……煮梅为豆实也蓄兰为沐浴也。”[①]《九歌》中则有：“浴兰汤兮沐芳，华采衣兮若英。”[②] 以上文献均是说用兰花汤沐浴，可见这种风俗在我国古已有之。据考证，《大戴礼记》的作者为戴德，生活于西汉中期，《九歌》的作者为屈原，生活于战国末期。

但是《九歌》中只是提到这种沐浴方式，并未说明此沐浴为五月五日的重要习俗。另外，南朝梁国宗懔在《荆楚岁时记》中说道：“五月五日谓之浴兰节。”[③] 宗懔为南朝时期大臣，对于文化习俗也颇有研究，其生活年代为公元6世纪上半叶，此时浴兰节早已明确形成。

笔者认为，关于兰草沐浴这种习惯古已有之，但是其成为每年五月的固定习俗应是汉朝至魏晋期间逐渐形成的。仅仅因为其日期接近，因此就断定端午节源自浴兰节，或需进一步考证。

2. “恶日”说

从中国传统思想来看，每年农历五月为“恶月”，而五月五日，

① 黄怀信：《大戴礼记译注》，上海古籍出版社2019年版，第36页。

② 方铭：《楚辞全注》，人民文学出版社2019年版，第56页。

③（南朝）宗懔：《荆楚岁时记》，杜公瞻注，中华书局2018年版，第75页。

则为“恶月之恶日”。古人会有这样的想法要从上古时代说起。古代的气候与当代有所不同，古代每逢农历五月，气候变化较为剧烈，这时寒冷之气衰退，而暑气逐渐增多，曾经在冬季蛰伏的蛇虫鼠蚁等倾巢而出，这一时期人们由于医疗水平有限很容易沾染毒气，导致生病。

也因此，自古就有“五毒”说法。人们为了祛除毒气，便根据生活经验，找到一些能够祛毒的药材，并对其进行适当加工。例如，苍术根状茎入药有燥湿、化浊、止痛之效，人们每逢五月便会薰苍术；艾叶、菖蒲、蒜头等物具有祛毒驱邪之功效，人们每逢五月就会将其悬挂于门前。久而久之，人们便习惯于五月初五这一天祛毒驱鬼，以躲避“端五”，后来更名为“端午”。

3. 人物说

关于端午节起源的人物说，种类较多，有屈原说、伍子胥说、孝女曹娥说。笔者认为，传统节日的起源一般均与节气息息相关，无论是春节、清明、中秋均是如此。节日之所以产生人物起源说，一方面是当地人为了纪念曾经逝去的对社会作出贡献之人，另一方面是由于古人希望把某些历史人物身上的优秀品质借节日之机加以发扬。

4. 龙图腾说

有一种说法认为端午节源于吴越地区。该地区古人信奉龙，将其作为部落的图腾和守护神。为了更像龙子的形象，他们“断发文身”，正如《左传》所载：“仲雍在吴，断发文身，裸以为饰。”

另《淮南子·原道训》有云：“九疑之南，陆事寡而水事众，于是人民断发文身，以象鳞虫。”[①] 同时，由于信奉龙图腾，这一地区也具有赛龙舟的习俗。有学者认为，每年五月初五端午节便是源于吴越地区。持此观点最具代表性的学者为闻一多，他在著作《端午考》与《端午的历史教育》中均有所提及。

① （汉）刘安等著，（汉）高诱注：《淮南子》，上海古籍出版社1989年版，第8页。

总之，不同学者从不同的视角出发，对于端午节的起源进行了不同的阐释。笔者认为，端午节作为我国四大传统节日之一，其形成并非由于某一因素，而应当是多种原因共同作用的结果。“恶日”说可视为端午节起源的根本因素，而浴兰节只是对端午节活动与习俗进行了丰富。吴越地区的龙图腾则在一定程度上对端午节起到了推广的作用。

**（二）端午节的习俗**

端午节习俗众多（图4－5），此处仅对端午节重要习俗进行简要述说。

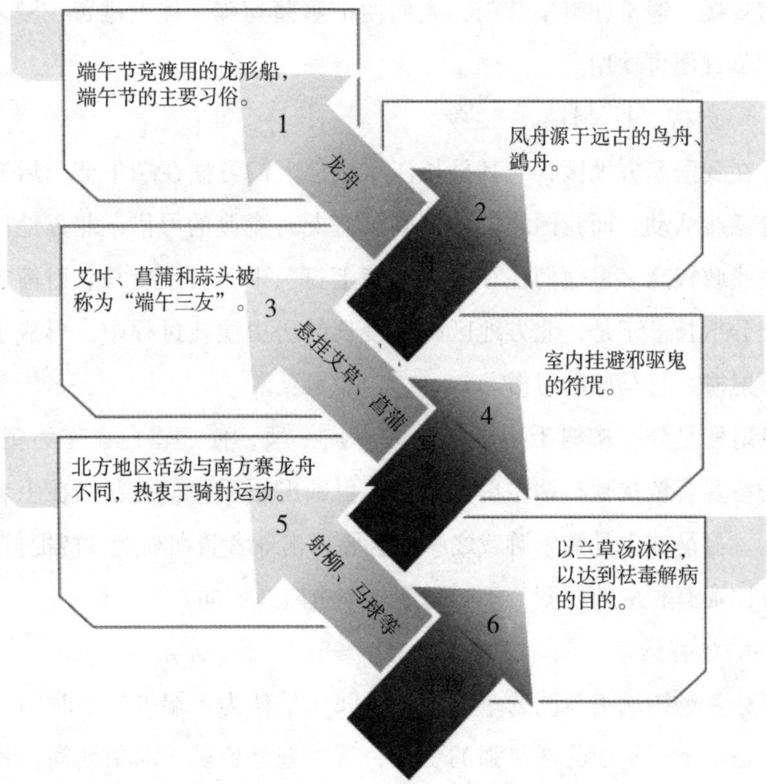


**图4－5 端午节习俗**

1. 龙舟竞渡

龙舟竞渡起源于古代百越族龙图腾祭祀活动，古代百越人每年在五月五日这一天，举行一次盛大的图腾祭。其中，有一项活动便是在急鼓声中将刻画成龙形的独木舟，在水面上做竞渡的游戏，给图腾神，也给自己取乐。这便是龙舟竞渡习俗的由来。

2. 悬挂艾草、菖蒲、蒜头

在我国古代，艾草、菖蒲、蒜头被称为“端午三友”，每逢端午节这一天，人们都会将“端午三友”挂在门前。由于这三种物品均具有杀菌驱邪之功效，人们将它们分别喻为除去疾病的“鞭子”“宝剑”“锤子”。江南地区，有的习俗是在端午节饮菖蒲酒，则其药用效能就更为直接。通常在端午节前，人们便把菖蒲切碎，拌上雄黄，浸入酒中，节日便可饮用。

3. 射柳、打马球

在我国南方地区，尤其是长江流域，人们习惯在端午节前后开展龙舟竞渡活动。而我国北方地区则没有龙舟竞渡的习俗，北方地区少数民族政权众多，他们往往是在马背上打天下，对于骑马、射箭等运动十分擅长。于是，北方地区则在漫长的历史演变过程中，形成了端午节射柳、打马球的习俗。

射柳是先将柳树干中上部削去青皮一段，使之露白，作为靶心。然后参赛者依次驰马拈弓射削白处。射断柳干后驰马接断柳在手者为优胜。打马球也是端午游戏之一。这要求击球者骑在马上，持棍打球。马球比赛有相应的规则，不同时期规则也略有不同。

4. 沐兰汤

沐兰汤指端午节洗的草药水。民间习俗认为，端午日午时阳气旺盛，是草木一年中药性最强的一天，端午遍地皆药。端午期间，我国不少地方有采草药煮草药水沐浴的习俗，端午草药的药性在其中发挥了至关重要的作用。

5. 斗草（斗百草）

斗草为我国古代民间游戏。每逢端午节古人总会前往山中采药，采药时难免感觉无聊，许多人便会以采集到药草互相“比拼”，以对仗形式互报花名、草名，多者为胜，兼具植物知识、文学知识之妙趣。

## 二 端午节在朝鲜的传播与影响

端午节在亚洲地区的传播以日本、朝鲜为主，经过传播与发展，端午节文化在他国展现出了同样旺盛的生命力，这都有赖于中国传统文化深刻的民族内涵。其他亚洲国家在学习并掌握端午节实质的基础上，进行了一定的改造与创新，形成了各具特色的端午节习俗。在亚洲各国中，我国传统文化在朝鲜的传播最早。公元前 11 世纪，商王文丁之子箕子曾携众将士于朝鲜半岛建立“箕子朝鲜”，与当地居民共同生活，传播中国文化，为朝鲜半岛带去了汉字、民俗、思想等。

进入汉朝，随着我国疆域逐渐扩大，军事实力不断增强，我国对于海外的影响力也在加大。公元前 2 世纪，汉惠帝在此前汉武帝积累综合实力的基础上，派人推翻“箕子朝鲜”，获得了朝鲜半岛的掌控权，自此汉文化对该地区的影响更加深刻。同时期，我国已经有了比较明确的关于端午节及其相关活动的记载，所以可以推断此时端午节文化与习俗已经在朝鲜半岛开始传播。

东汉末年一直到魏晋时期，由于我国社会长期处于动荡的环境中，一些人为了躲避战乱而迁至朝鲜半岛，在大迁徙过程中，人们自然而然会把各种文化传播至朝鲜半岛。

之后的几百年中，中国与朝鲜时常有各种外交活动，李氏朝鲜全面学习中国各方面文化，朝鲜还有学生来中国考取功名，中国也有部分官员前往朝鲜谈论国事。

进入隋唐时期，我国的整体实力迈入顶峰，无论是经济文化，还是军事外交，都已经涉及四海、囊括宇内，在不断扩张、移民、遣使活动中，大量中国传统文化传入海外各国，尤其是朝鲜半岛。例如，公元 7 世纪初隋唐之交，唐朝曾派出军队多次攻打高丽，许多远在海外参加战斗的士兵留在了朝鲜半岛，并在这里世代居住。这极大地促进了中国与朝鲜半岛的文化交流，中国传统文化在海外的影响随着时间的推移逐渐加深。公元1518年，朝鲜中宗李怿把每年的农历五月初五定为端午节，至此，端午节真正成为朝鲜半岛的重要民族节日。

经过多文化的传播与交融，朝鲜终于将端午节定为其国内重要的民族节日之一，其大量继承和学习端午节习俗。例如，继承祭祀活动。中国端午节重要的仪式之一便是祭祀，这体现了中国古代先民对于山河图腾、祖先逝者的敬意与崇拜，所以每逢端午节，人们都会祭拜祖先，而帝王则会祭拜山川河流，以祈求江山社稷永保安宁。在朝鲜同样如此，其民间存在大规模祭祀活动，有些祭祀为个人进行，有些祭祀由巫师进行。又如，继承游戏活动，在我国，端午节有许多娱乐活动，既包括具有一定竞技性的赛龙舟、打马球等活动，也包括较为放松休闲的斗百草活动。朝鲜端午节同样有着休闲活动，不过其活动与我国有所不同，最具代表性的就是秋千活动，不论男女都可以来参加。

此外，朝鲜人民还有些其他集体性活动，如假面具、击球、石战等。另外，朝鲜人民习惯于在端午节这天穿上五颜六色的衣服，以体现本民族的传统服饰文化和民族风情。

### 三　端午节在韩国的传播与影响

韩国与朝鲜同样处于朝鲜半岛，曾几何时，两国具有基本相似的端午习俗，后来由于历史原因，其民俗又与朝鲜产生了些许差异，不过其本质仍因循中国传统端午文化。

第一，韩国继承了我国端午节祭祀的传统仪式，他们同样认为五月为“恶月”，这一时期“五毒尽出”，于是希望通过祭祀，保佑家人幸福平安。

第二，韩国继承了采药和艾草驱邪的习俗。

第三，韩国继承了中国传统端午食物，包括艾糕、粽子等食物。

第四，韩国继承了中国端午节的部分民俗活动，如赛龙舟、荡秋千、做游戏等。

不过，由于民族文化底蕴存在差异，时间久远，韩国的端午节也在历经岁月推移之后，发生了明显变化，产生了其独特的习俗。

第一，韩国除了进行龙舟、秋千等民俗活动外，还有比赛摔跤的活动。

第二，韩国端午节虽有祭祀，却仅祭祖和祭神，而不像中国具有承载这一节日的民族英雄屈原。在中国，屈原由于才华斐然，品格高洁，受到人民群众的爱戴，人们在端午节之际祭祀屈原。而韩国并没有这样一个明确的祭拜对象，有时为韩将军，有时为苏定方将军，有时为其他本国英雄，具有不确定性。

总之，韩国端午节对于中国传统端午节既有继承，又有创新和发展。后来，韩国将端午节定为“江陵端午祭”，如今的江陵端午祭基本包含以下程序（图4－6）。

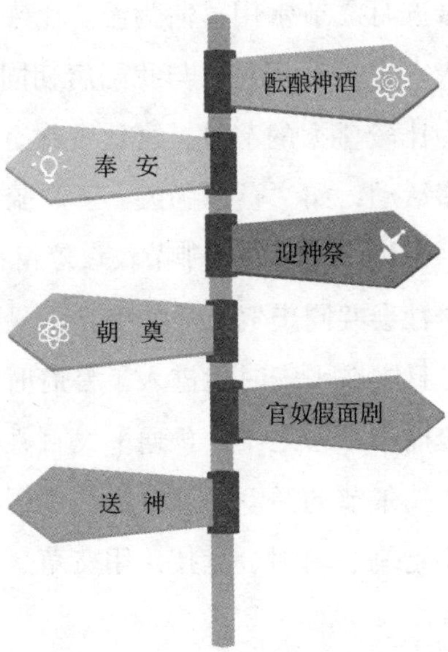


**图4－6　江陵端午祭流程图**

## 四　端午节在日本的传播与影响

日本也深受中国传统端午节的影响，在漫长发展过程中，日本曾经历了由废止到再生的变迁，时至今日，端午节成为日本法定节日。虽然如今日本端午节与中国端午节有了明显的差异，但是究其根源，仍然与中国端午节联系甚密。

关于端午节传入日本的时间，本书认为端午节文化在隋唐时期正式传入日本，并有相关典籍记载。《日本书纪》卷第二十二推谷天皇时期："十九年夏五月五日。药猎于兔田野。取鸡鸣时，集于藤原池上。以会明乃往之。粟田细目臣为前部领。额田部比罗夫连为后部领。是日，诸臣服色，皆随冠色。各着髻花。则大德小德并用金。大仁小仁用豹尾。大礼以下用鸟尾。"[①] 可见，公元6世纪，日本宫廷曾于五月初五举行规模较大的庆祝活动。另外，《续日本纪》卷十七文武天皇（天平十九年五月庚辰）又有："天皇御南苑，观骑射走马。是日。太上天皇诏曰：昔者五月之节常用菖蒲为缦。比来已停此事。从今而后，非菖蒲诏者勿入宫中。"[②] 可见，与我国唐朝同时期，日本已经将五月五日这一天定为比较盛大的节日，宫廷贵族有着严格的要求，大家共同庆贺，其诸多活动，如"菖蒲为缦""观骑射"等，均与我国端午习俗十分相近。不过，这时的端午节仅仅停留在日本宫廷和贵族，并没有发展成为整个社会共同庆贺的全民性节日。

随着时间发展，日本在平安时代进入了幕府时代，这时端午节已经开始由宫廷逐渐传播于社会之中，普通平民百姓也可以于端午节这一天共同庆祝。日本端午节的活动一部分沿袭中国。例如，日本端午节每年五月初五都要走马、骑射、竞技，用艾草、菖蒲辟邪，还要进

① ［日］舍人亲王：《日本书纪》，四川人民出版社2019年版，第308—309页。

② ［日］藤原继绳、菅野真道、秋篠安人：《续日本纪》，日本：吉川弘文馆1980年版，第281页。

行祭祀祈福活动，这与中国端午的活动与仪式基本相同，可以说，这时的日本保留了大量中国传统端午习俗。不过，日本也根据自身国内文化，对端午节的活动进行了革新与改变。例如，在日本武士道精神影响之下，加之日本战国时代社会动荡，战争频发，其端午节具有战争类的庆祝活动，包括石战等，这时的端午节更像是一种军事性节日。

19 世纪中后期，日本开始明治维新，由于效法西方，其端午节日期便改为公历 5 月 5 日。到 1948 年，日本制定并颁布了《关于国民节日的法律》，决定每年公历 5 月 5 日为"爱护儿童日"。可见，这时的日本已经将端午节与儿童节进行了结合。之所以有如此变化，是因为日本的男孩与儿童具有相同的含义，儿童即男孩之意，日本政府希望培养大量具有竞技精神、武士精神的青年。

在男孩节这一天，有儿子的人家须悬挂漂亮的鲤鱼旗。商肆店铺开张之日，特意将蓄养鲤鱼的鱼缸放在门前以求"利市""大吉"。而新年迎财神时，一对"元宝鱼"更是不可或缺之物，可知鲤鱼在日本人心目中还有财神爷的意义。至于民间吉祥纹图中的鲤鱼，则无所不在，窗花剪纸、建筑雕塑、织品花绣和器皿描绘，到处可见鲤鱼的形象，"连年有余""吉庆有余""娃娃抱鱼""富贵有余"均表达了人们对美好生活的向往。其他如用于佩饰的鱼袋，用于墓葬的玉鲤，用于宴饮的木鲤，用于赠礼的锦鲤等，不胜枚举。

总之，端午节传入日本虽然较晚，但是对日本节日文化的演变有较大的影响，由最初的祭祀、比赛等活动，演变为男孩节，体现了我国传统节日文化较强的渗透性。

## 第三节 中秋节在海外的传播及影响

### 一 中秋节简介

中秋节，又称祭月节、月光诞、月夕、秋节、仲秋节、拜月节、月娘节、月亮节、团圆节等，是中国民间的传统节日。中秋节源自天象崇拜，由上古时代秋夕祭月演变而来。中秋节自古便有祭月、赏月、吃月饼、玩花灯、赏桂花、饮桂花酒等民俗，流传至今，经久不息。

**（一）中秋节的渊源与发展**

“中秋节是我国第二大传统节日，其重要性仅次于春节，历经千年兴盛不衰，对于中国人来说，具有非同寻常的意义。每一次中秋节的来临，都让我们对共同拥有的中华文化之根进行一次追思。”①

1. 中秋节的起源

关于中秋节的起源，学界具有不同的看法，有天象之说、节令之说。在原始社会时期，人们的生产力水平有限，对于各种自然物都具有一种与生俱来的崇拜，包括天象崇拜、高山崇拜、河流崇拜、动物崇拜、祖先崇拜、神灵崇拜等，每种崇拜都反映了古代先民的不同价值追求，并衍生出诸多节日与习俗。其中，天象崇拜则与中秋节的产生紧密相关。古人平日见到月亮，月亮为“镰刀型”，而在农历八月十五时，月亮却好似“玉盘”，这便使古人内心产生强烈的震撼，又无法解释这种现象，便产生了一种崇敬之情，逐渐形成“祭月”习俗。

同时，中国古人崇尚圆满，认为一切圆满的事物都象征着美好、团圆，这在后世人们所制作的馒头、汤圆、元宵等食物中都可以窥见端倪。于是，人们便认为农历八月十五这一天与其他日期相比具有更多的特殊性与神圣性。另外，古人在长期劳动实践之中，产生了节令习俗，认为不同的节气具有不同的气候特征，而在农历八月十五，恰逢“仲秋”，久而久之，人们便把月圆之日这一天与“仲秋”结合在一起，形成了历史悠久的中秋佳节，流传至今，远播海外。

另外，关于中秋节的起源还有颇具神话色彩的传说。相传，中国

① 郭玉亮：《中国传统节日文化》，宁夏人民教育出版社2015年版，第78页。

古时候曾经有十个太阳，十个太阳同时出现，酷热难耐，庄稼晒得枯死，黎民百姓更是苦不堪言。民间有一个名叫后羿的英雄，他登上昆仑山巅，拉弓射箭，将九个太阳射下，仅留下一个太阳，并命其按照一定的规律升起和落下，以造福百姓。后羿有一次巧遇王母娘娘，王母娘娘给了他一包长生药。据说，服下此药能即刻升天成仙。长生药只有一包，后羿舍不得撇下美丽善良的妻子嫦娥，就把长生药交给嫦娥珍藏。不料逢蒙想偷吃不死药成仙，逢蒙手持宝剑闯入内宅，威逼嫦娥交出长生药。嫦娥知道自己不是逢蒙的对手，危急之时拿出长生药吞下。嫦娥吞下药，身子立时飘离地面，向天上飞去。由于嫦娥牵挂着丈夫，便飞落到离人间最近的月亮上成了仙。后羿十分无奈，只好摆上香案，放上嫦娥平时最爱吃的蜜食鲜果，遥祭在月宫里眷恋着自己的嫦娥。百姓们闻知嫦娥奔月成仙的消息后，纷纷在月下摆设香案，向善良的嫦娥祈求吉祥平安。

2. 中秋节的发展

中秋节在我国古代的发展大致可以分为汉朝之前、汉至唐朝、唐宋时期、明清时期四个阶段。

第一阶段：汉朝之前，我国古代社会已经有了较为丰富的“祭月”习俗，人们习惯于农历八月十五这一天进行祭月、拜月等活动。但是这一时期并未形成节日，只是在《尚书·尧典》“宵中星虚，以殷仲秋”中有“仲秋”的说法。

第二阶段，进入汉朝，我国与周边民族有了更加广泛的交流，长期交流促进了民族融合与文明发展，各地文化以使节为媒介广泛传播。这一时期出现了“中秋”的说法。《周礼·春官宗伯·篇章》：“中春昼，击土鼓，龡豳诗，以迎暑；中秋夜迎寒，亦如之。”[①]《周礼·天

① （汉）郑玄注，（唐）贾公彦疏，黄侃经文句读：《周礼注疏》，上海古籍出版社 1990 年版，第 367 页。

官冢宰相·司裘》："司裘：掌为大裘，以共王祀天之服。中秋献良裘，王乃行羽物品。"[①]《周礼·春官宗伯·典瑞》"以朝日"，郑玄注："天子当春分朝日，秋分夕月。"[②]统治者又在中秋或立秋之日有敬老、养老，赐以雄粗饼的活动。

第三阶段，唐宋时期。唐朝时中秋习俗有了更多发展，唐代诗人创作了有关中秋赏月、饮酒的诗歌，如李峤《中秋月二首》、顾况《望初月简于吏部》、陈羽《中秋夜临镜湖望月》、戎昱《中秋夜登楼望月寄人》、武元衡《安邑里中秋怀寄高员外》、崔备《和武相公中秋锦楼玩月》、姚合《中秋夜洞庭圆月》等，并以神话故事作为素材，进行艺术创作。进入宋朝，统治者正式定农历八月十五为中秋节。记载宋朝风俗的各种典籍对此也多有表述，如《东京梦华录》《梦粱录》等。《东京梦华录》中说："中秋夜，贵家结饰台榭，民间争占酒楼玩月。"[③] 这生动展现了人们共同庆贺中秋佳节的场景。

第四阶段，明清时期，这时社会中出现了大量的手工业者，已经出现了资产阶级萌芽，人们有了一定的财富积累，更喜欢追求情趣与享受，当然也更加注重节日的喜庆氛围。许多文献都对这一时期的中秋之夜有所记载。例如，陆启泓《北京岁华记》载："中秋夜，人家各置月宫符象，符上免如人立；陈瓜果于庭，饼面绘月宫蟾免；男女肃拜烧香，旦而焚之。"又如，《帝京景物略》云："八月十五祭月，其饼必圆，分瓜必牙错，瓣刻如莲花……其有妇归宁者，是日必返夫家，曰团圆节也。"[④]

发展至今，中秋节成为我国四大传统节日之一，2006 年 5 月 20

---

① （汉）郑玄注，（唐）贾公彦疏，黄侃经文句读：《周礼注疏》，上海古籍出版社 1990 年版，第 106 页。

② （汉）郑玄注，（唐）贾公彦疏，黄侃经文句读：《周礼注疏》，上海古籍出版社 1990 年版，第 311 页。

③ （宋）孟元老：《东京梦华录》，中华书局 2020 年版，第 126 页。

④ （明）刘侗：《帝京景物略》，中国书店出版社 2014 年版，第 156 页。

日，国务院将其列入首批国家级非物质文化遗产名录。自2008年起中秋节被列为国家法定节假日。

### （二）中秋节的习俗

在我国，中秋节的主要习俗包括祭月（拜月）、燃灯、赏月、追月、猜谜、吃月饼、舞火龙、玩兔爷等。同时，由于我国民族众多，中秋节在不同的民族之间广泛流传，也产生了不同的习俗（表4－2）。

表4－2 中秋节特色习俗一览

| | |
|---|---|
| 蒙古族 | 蒙古族人爱做“追月”的游戏。人们跨上骏马，在银白色月光下，奔驰在草原上。他们朝西放马奔驰，月亮由东方升起，坠落西方。执着的蒙古骑手，不到月亮西下，“追月”不止。 |
| 黎族 | 黎族称中秋节为“八月会”或“调声节”。届时各集镇举行歌舞聚会，每村由一调声头（即领队）率领男女青年参加，互赠月饼、香糕、甜粑、花巾、彩扇和背心，成群结队，川流不息。入夜便聚集在火旁，烤食野味，痛饮米酒，开展对歌演唱，未婚青年趁机挑寻未来的伴侣。 |
| 藏族 | 西藏一些地区的藏族同胞欢度中秋的习俗是寻月。是日夜晚，男女青年和娃娃们，沿着河流，跟着倒映水中的明月，把周围河塘中的月影寻遍，然后回家团圆吃月饼。 |
| 云南彝族 | 云南彝族过中秋的传统习俗是跳月。入夜，该族各个村寨的男女老幼都聚集在山村中的开阔地，一个个束腰披纱的姑娘们和头缠布带的小伙子们以及老爷爷、老奶奶、小孩子们都激情地载歌载舞，尤其是那些青年男女表达爱慕之情的对歌，仿佛月亮也听得为之动情动容，越发显得妩媚皎洁。 |
| 云南德昂族 | 云南德昂族串月。云南潞西的德昂族青年男女，每逢中秋明月高挂，分外明亮的时候，山头寨尾，不时传来一阵悠扬动听的葫芦笙，男女青年在一起串月亮倾诉衷情。有的还通过串月亮送槟榔、送茶订下婚约。 |
| 朝鲜族 | 朝鲜族则用木杆和松枝高搭望月架。当明月升空时，请数位被推选出来的老人攀上望月架。待老人望月之后，再点燃望月架，敲长鼓、吹洞箫，一起合跳《农家乐舞》。 |
| 广西西部壮族 | 广西西部壮族的祭月请神活动更典型，每年夏历八月中旬，有的就在中秋夜，人们在村头村尾露天处，设一供桌，供放祭品和香炉，桌子右边树一高约一尺的树枝或竹枝，象征树，亦作月神下凡与上天的梯子，这里保存了古老的月亮神话因素。整个活动程序：请月神下凡，由一名或两名妇女作为月神的代言人；神人对歌；月神卜卦算命；歌手唱送神咒歌，送月神回天，共四个阶段。 |

## 二 中秋节在日本的传播与影响

中秋节经过千年发展与演变，形成我国最为重要的传统节日之一。

而在我国的发展过程中，中秋节也伴随着战争、交往、遣使等活动，传入日本，并形成较深远的影响。

### （一）中秋节在日本的传播

在我国，中秋节于唐朝时期开始流行于社会各个阶层，也是在这一时期日本遣唐使进入我国，与我国进行广泛的文化交流与学习，我国大量文学作品、科学发明、思想文化传入日本，其中也包括中秋节的习俗。

自此以后，日本便开始有了中秋节，称为“观月宴”，但是日本这时的中秋节并未在社会中广泛传开，只是流传于宫廷之中。每逢农历的八月十五，日本宫廷中的贵族会相约一起赏月，举办赏月宴，人们一起品尝美食，吟诗作对，十分风雅。

随着时代变迁，日本中秋节文化与习俗开始慢慢融入社会 ，许多普通市民乃至农村居民都对中秋节有所耳闻。于是，平民百姓群体也开始在农历八月十五这天举办活动。

不过，中秋节进入社会中却发生了一些转变，由于日本与中国一样，古代日本也是农耕为主的社会，而八月十五这一时节又恰逢丰收，人们能够收获大量的芋头或稻谷，平民们在度过该节日时，便将习俗进行了一些改变，改为“以农作物祭祀”，祈求来年丰收。所以，人们还会穿上特色服装，吟唱吆喝，抬着神龛去庙里进香。当然还有一些特殊的习俗。例如，小孩子可以去别人的地里偷庄稼，而主人必须当作不知道。小孩子偷吃神明的祭品，也不会引起神灵的怒火。与中国最不一样的地方就在于中国的中秋多了一份文化的延伸——自古以来就包含了“团圆”的情怀，是一个理应阖家欢乐的热热闹闹的节日，是一个在外游子思念故乡，感叹“十轮霜影转庭梧，此夕羁人独向隅”的日子。

可见，日本在平安时代从我国吸收中秋节习俗，传入日本之后并未直接普及于社会，而是在宫廷中小范围流行，之后经过一些改变才成为日本民众共同庆祝的佳节。

**（二）中秋节对日本的影响**

总的来看，除了部分区别之外，日本中秋节在许多地方与中国是一脉相承的。

1. 中日中秋节均包含赏月、作诗习俗

中国中秋节形成较早，形成之初并未形成风靡之势，仅在文人士子间流行，文人以吟风弄月，寓情于景，赏月玩月为主。例如，欧阳詹在《长安玩月诗》序中说：“八月于秋，季始孟终，十五于夜，又月之中。稽之大道，则寒暑匀，取之月数，则蟾魄圆。”传入日本后，日本宫廷贵族同样如此，每逢八月十五日夜，人们也是举办各种活动以助兴，设宴、作赋逐渐盛行起来，传于后世而未衰，民间亦有供奉芋头、米团等，相互馈赠习俗。

2. 中日中秋节均包含祭月习俗

据史料记载，我国于先秦时期便早已有中秋祭月之礼，后来这种礼制为历朝历代所沿袭，明清时期该礼制规模异常浩大。在日本，尤其是室町时代之后也有祭月行为。

3. 中日中秋节均使用“圆形食物”作为祭祀食品

在中国，中秋节要使用月饼祭月，月饼外形与圆月相仿，寓意团圆美好、吉祥如意。在日本，人们用圆形的糯米丸子（江米团子、月见团子）祭月，也表达了日本人期盼团圆的美好夙愿。

## 三 中秋节在韩国的传播与影响

在韩国，中秋节也被称作“秋夕”“仲秋节”“嘉俳”，是由中国传入的传统节日。

**（一）中秋节在韩国的传播**

在韩国历史文献中，最早关于中秋节的记载是《三国史记·新罗本纪》，书中记载了新罗儒理王时期，自每年农历七月十六开始，直到八月十四，王宫之中都会举办一种名为“嘉俳”的活动。所谓“嘉俳”，指国内根据区域不同，分为六个部，每个部都要从中选出一批女了，并由两个王女带领织布，到中秋节这一天，哪一部织布数量最多，便取得胜利。输的一方要宴请其他部，并且要演唱“会苏曲”。此为韩国最早的中秋节，“嘉俳”便是主要的庆祝活动之一。

如今，韩国的中秋节已经发生了许多变化，成为韩国十分重要的节日，吸收了部分中国中秋节的精华，也发展出具有韩国特色的部分习俗。

第一，韩国中秋节要祭祀。中秋节当天，一大早韩国人便在家里举行祭祀仪式，祭祀用品都是韩国家庭中的女性提前准备好的。一年中可有两次祭祀，一次是在春节，另一次就是在中秋。和春节不同的是，中秋节不用年糕汤而是用新米做成的饭，以及米酒、松糕来祭祀。祭祀结束之后，全家人一起享用祭祀的食物。

第二，韩国中秋节要伐草和省墓，也就是祭拜祖坟与清除茂盛的杂草。这在韩国不但是子女的责任，更是其尽孝的表现。韩国的中秋节道路十分拥挤，这种现象从每年中秋节之前的周末就已经开始。

第三，韩国中秋节要吃松饼。在韩国，中秋节的时候会吃一种独特的食物——松饼。松饼形如半月，用米粉制成，内馅豆沙、粟肉、枣泥等，因蒸时垫有松毛而得名。其做法是，用水将米面和好，包上芝麻、小豆、芸豆、栗子等馅，做成半月模样或贝壳模样，放在松树针叶上蒸熟后，在其表面涂一层香油即可，形状有点像水饺，可以切成片状、四角形或菱形。

**（二）中秋节对韩国的影响**

随着社会发展，中秋节在韩国也发生了些许变化，同时也对韩国有着诸多影响，然其主旨仍与中国一脉相承，并承袭了中国一些习俗。

第一，韩国中秋节也是以祭祀为主，这是因为韩国也曾为农耕社会，是否能够取得来年大丰收，对于韩国人而言也十分重要。所以，韩国人民会在中秋节之前准备好大量的祭品，祭品一般为新稻、谷物等，以祈求来年丰收。

第二，韩国中秋节与中国一样，也注重团圆。古代韩国人民也具有天象崇拜的意识，他们认为月圆之夜应当阖家团聚，同时，这一天也应当追忆祖先恩德。

第三，韩国中秋节也有特色美食，不过韩国的美食为松糕，与中国的月饼有些相似，也是一种带有馅料的甜品，也具有不同的种类，包括红豆、芝麻、花生、大枣等。

不过，韩国在多年发展中也产生了一些自己的习俗。例如，韩国中秋节传统游戏有摔跤、圆圈舞、拔河等，这些娱乐活动极具民族特色。

# 第五章 “音乐无国界”

## ——中国音乐在海外的传播及影响

## 第一节 中国乐器在世界各地的传播与影响

### 一 中国乐器简介

乐器泛指可以用各种方法奏出音色音律的器物。一般分为民族乐器（中国乐器）与西洋乐器。相较于西洋乐器，中国乐器以其独特的文化意蕴，悠久的发展历史，成为古今中外音乐爱好者尤为关注的重点话题。

#### （一）中国乐器的种类

中国音乐文化历史悠久，博大精深，传统乐器种类繁多，一般分为四大类别，分别为吹管乐器、弹拨乐器、打击乐器、拉弦乐器，又细分为不同的种类。

1. 吹管乐器

吹管乐器起源较早，相传在夏禹时期就有一种由芦苇编排而成的乐器叫作“钥”，此为吹管乐器的雏形。经过多年的发展，其已经发展为木管乐器、单簧乐器、铜管乐器。

主要的吹管乐器有笛子、箫、排箫、埙、笙、芦笙、巴乌、管子、唢呐、尺八等。其中，笛子与箫最具代表性。

（1）笛子。笛子为我国传统音乐中常用的横吹木管乐器，分为南、北两派，各具特色。从技巧上来看南派常用颤音、打音、叠音等，北派则常用滑音、花舌、吐音等。从风格上来说，南派笛子清雅靓丽，北派笛子粗犷豪迈。

（2）箫。箫一般由竹子制作而成，分六孔箫与八孔箫两种，前者按音孔为前五后一，后者按音孔为前七后一。其演奏方式大体上与笛子相同，不过灵敏度略逊于笛子，无法演奏过多的花样，更适合舒缓、平静的吹奏方式，以表达幽静、豁达、沉稳的心境和情感。

2. 弹拨乐器

弹拨乐器起源于距今3000年前的周朝，首先现世的为琴、瑟等乐器，后来又陆续出现了筝、箜篌等乐器。主要的弹拨乐器有古琴、筝、阮、琵琶、月琴、柳琴、箜篌、三弦、秦琴、冬不拉、热瓦甫。

（1）古筝。古筝可谓我国传统乐器的典型代表，古筝又名“秦筝”，自秦朝产生之后，逐渐形成了各具浓郁地方特色的流派。有山东筝、河南筝、潮州筝、客家筝、浙江筝、福建筝、内蒙筝（雅托葛）、朝鲜族的延边筝（即伽揶琴）和被称为真秦之声的陕西筝九个流派。

（2）琵琶。琵琶与古筝一样，也是大致产生于秦朝时期，是我国最为古老的弹拨乐器之一。

琵琶包含五弦琵琶、四弦琵琶、南音琵琶、响琶、月琶、高音琵琶、电琵琶、水晶琵琶。不同的琵琶也有不同的弹奏技巧，琵琶在弹奏之下，能够展现出不同的情景，时而婉转低诉，时而高亢热烈，正所谓“大弦嘈嘈如急雨，小弦切切如私语。嘈嘈切切错杂弹，大珠小珠落玉盘”。

琵琶十大名曲有《塞上曲》《十面埋伏》《霸王卸甲》《大浪淘沙》《昭君出塞》《阳春白雪》《草原小姐妹》《海青拿天鹅》《彝族舞曲》《火把节之夜》。在近现代音乐史上，我国也曾涌现出诸多琵琶流派，包括“海派”“浙派”“汪派”等。

总之，琵琶对于我国音乐发展史具有极为重要的意义，在中华文化历史画卷上留下了浓墨重彩的一笔。

3. 打击乐器

打击乐器也叫“敲击乐器”，是指通过敲打动作而发出声音的乐器。打击乐器有些是有固定音高的，如云锣、编钟等，有些是无固定音高的，如拍板、梆子、板鼓、腰鼓、铃鼓等。

（1）八角鼓。八角鼓，因其鼓框为八角形而得名，是一种常用的打击乐器。演奏时，一手持鼓，一手击鼓，并摇震小钹发声。

（2）编钟。编钟，为我国古代大型打击乐器，兴起于周朝，流行于春秋秦汉时期。最早的编钟一般由大小 3 枚组合而成，后来每套编钟为 9—13 枚。编钟最大的特点在于，其周身绘有各种图案，由于其象征着无上的权力，所以图案也多为庄重的花纹或神兽等。

（3）云锣。云锣，产生于唐代，至元朝时期大为流行。虽然云锣相比于编钟，历史不算悠久，但是其对于我国音乐发展的影响亦是不容忽视。云锣在民间也被称作九音锣，藏族称丁冬、丁当。是锣类乐器中能奏出曲调的乐器，常用于民间音乐、地方戏曲和寺庙音乐中。流行于内蒙古、云南、西藏等广大地区。代表曲目包括《水库凯歌》《旭日东升》《渔舟凯歌》《钢水奔流》等。

4. 拉弦乐器

我国拉弦乐器种类繁多，技法巧妙，音乐表现形式极为多样，颇为细腻，具有丰富的音乐表现力。我国主要的拉弦乐器包括二胡、京胡、板胡、高胡、中胡、革胡、马头琴等。

（1）二胡。二胡为中国普遍流行的一种拉弦乐器，始于唐朝，由一个琴筒、一个琴杆，以及琴轸构成。琴弦曾经一般用蚕丝制作，如今已经改为金属。二胡名曲主要有《二泉映月》《良宵》《听松》《赛马》《葡萄熟了》等。

（2）京胡。京胡，由琴杆、琴筒、弦轴、千斤钩、琴码、琴弦和弓子等部分构成，其种类包含紫竹京胡、染竹京胡、白竹京胡、罗汉竹京胡、凤眼竹京胡等。

（3）马头琴。马头琴，因其琴柄形似马头，故名马头琴，是我国蒙古族人民十分喜爱，并广泛使用的重要民族乐器。蒙古族马头琴被称为“潮尔”，琴声圆润、婉转，音色较低沉，音量较小，具有浓郁的草原音乐风情。比较著名的曲目有《朱色烈》《凉爽的杭盖》《四季》《牧马人之歌》《青松》《朝霞》《叙事曲》《蒙古小调》《鄂尔多斯的春天》《清凉的泉水》《走马》《马的步伐》《干杯》《蒙古小调》等。

中国乐器的种类如图5－1所示。

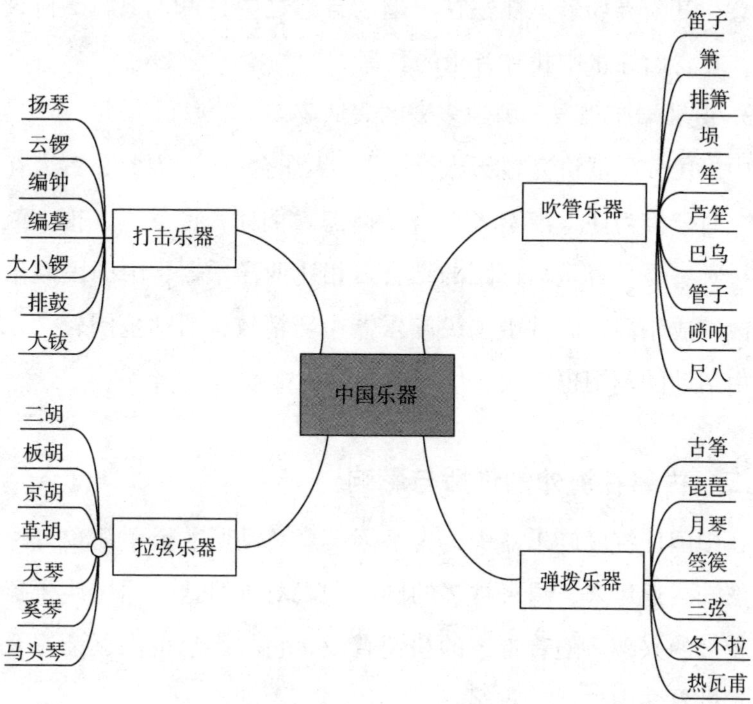


**图5－1 中国乐器种类**

### （二）中国乐器的特点

中国传统乐器与西洋乐器相比，具有十分突出的特点。

1. 追求清澈动人、贴近自然的音色

中国乐器的音色清澈动人、宁静朴素、贴近自然，音色较为纯粹，由于许多乐器受到本土宗教道教的影响，乐器的音色较为空灵。声音之中寄托的思想和感情更为深厚，给人以一种超然、洒脱、天人合一之感。例如，琵琶音色清澈明亮，箜篌声音婉转动人，能够瞬间将人的思绪带入音乐所营造的环境当中。

2. 追求情景交融、天人合一的境界

中国传统乐器的产生和发展与我国古代文学、哲学、诗学、美学的发展紧密相连，在这些思想的共同影响下，传统乐器注重意境、注重写意，其演奏场景也往往在清幽的自然之中，古人把酒赋诗，寓情于景，在青山绿水中找寻音乐的真谛。

3. 追求端庄雅致、绰约多姿的表演姿态

中国民族乐器讲究“天人合一”“人乐合一”，因此，古人在演奏乐器之时，极为注重演奏者自身的体态。例如，抱琵琶、抡大鼓，整体的视觉感受是音乐与舞蹈的结合。相比西洋乐器，中国民族乐器更适合改编成乐舞，而且中国民族乐器小巧精致，活动范围较大，演奏者自由活动的范围也较大，仪态更为端庄雅致。

## 二　古筝在海外的传播与影响

在中国传统民族乐器中，古筝因其音色动听、上手简单等原因为人所熟知。近年来，越来越多的国际友人对古筝这一项民族乐器表现出了较大的兴趣。随着古筝的快速普及，它的影响范围逐渐遍及世界各地，世界多国出现“古筝热”。

### （一）古筝在日本的传播与影响

1. 古筝初传日本

公元8世纪，中国处于唐朝初年，为综合国力的上升期，随着唐朝各项实力不断增强，其也更加注重与其他国家的文化交流。在这一契机下，处于奈良时代的日本，排派出大量遣唐使，遣唐使到达中国后，学习中国传统文化、科技文化、民间习俗等，并将这些传统文化传入日本。“用于日本雅乐的13弦乐筝，于奈良时代（公元701年—794年）由中国传入。当时日本派遣了数以千计的遣唐使、留学生和留学僧到中国学习先进文化，并带回了13弦筝乐器。”① 可见，民族乐器也是文化交流与融合的一个重点环节，日本在这时对于中国传统古筝表现出极大的兴趣。另外，《大日本史》也有关于中国古筝传入日本的相关记载：“唐代文宗大和八年时期，日本派遣使者到中国。遣唐使中有个精通琵琶的判官——藤原贞敏，在长安拜琵琶大师刘二郎为师。刘二郎对这位远道而来的日本青年甚是喜爱，在传授他琵琶技艺的同时，还将自己的女儿（一个弹筝名手）许配给了他。藤原贞敏在中国待了6年，后带着他的中国妻子回到了日本。”②

在我国，先秦时期与春秋战国时期的音乐典籍便已浩如烟海，发展至唐朝，我国音乐已经发展至中国历史上的第一个顶峰。受到唐朝文化影响的日本，加大了对于中国音乐文化的学习与吸收，将中国乐器代表古筝发展为“日本筝”。

2. 日本筝的发展

“日本筝”，也被称作“Koto”，汉字写作“箏”。中国古筝自传入日本之后，经历了漫长的发展与演变期，先后演变为乐筝、筑筝、俗筝等。

在平安时代，古筝只是用于伴奏，并且只流行于日本上流社会，一般的平民百姓基本接触不到这种乐器。当时的达官贵人时常于宫廷之中饮酒作乐，请乐师进行古筝表演，这时古筝并未出现明显的日本化痕迹。

① 杨静：《日本筝乐器纵览》，《演艺科技》2013年第83期。

② 杨静：《日本筝乐器纵览》，《演艺科技》2013年第83期。

后来，随着古筝影响范围不断扩大，开始出现了“筑紫筝”的音乐流派，这时的古筝虽然已经走出宫廷，开始进入寺庙、官员府邸等场所，许多僧侣、武士均能够接触筝乐，但是仍未在社会之中普及。直到17世纪初，在八桥检校的努力之下，才打破了日本传统筝乐的枷锁，开创了“俗筝”，“俗筝”与之前的乐筝和筑紫筝不同，其弹奏方式有所革新，为日本式的全新弹奏技法。在众多民间艺人的大力推动之下，筝乐终于从宫廷走向社会中，大量的优秀乐曲问世，包括《八桥之调》《乱》《六段》等。

此后又经过数十年的发展，生田检校开始把筝与三味线进行合奏，这意味着日本筝迎来了再一次发展与革新，全新的流派“生田派”得以创立。19世纪初，另一名家山田校检创立了又一古筝流派“山田派”，至此，日本筝两大流派全部创立，此后多年，“生田派”与“山田派”一直致力于日本筝的发展，进行了大量的乐器改革，并且提升了筝的音量，优化了筝的音色等。

日本筝的巅峰期当属明治维新及之后的一段时间。自1868年起，日本开始明治维新，在“富国强兵”“殖产兴业”“文明开化”的口号之下，日本在社会各个领域进行大力改革，对于音乐领域同样如此。由于这一时期日本开始与西方世界交流，受到西方音乐的影响同样较大，不过并未改变筝乐的本质，只是改变了筝的外形结构。在之前“13弦筝”的基础之上，宫城道雄结合此前中国古筝的经验，以及西洋音乐文化，创造了“17弦筝”，给日本近代音乐发展提供了新的活力，其主要代表作为《落叶之舞》《春之海》等。

进入20世纪，日本筝迎来其长久发展与繁荣期之后的第一个衰退期，由于大量西方音乐文化进入，日本筝开始显得力不从心，表现力、感染力略显不足。不过，1969年，野坂惠子又创立了“20弦筝”，给日本筝提供了新的发展空间。时至今日，日本筝仍在不断发展的过程中，当然这也少不了日本对于我国传统筝乐的广泛学习与吸收。近年来，中日两国文化交流活动数不胜数，日本对于我国传统筝乐的学习也从未停息。例如，2018 年，上海理工大学应日本文化交流中心邀请，举办了大型中日传统音乐演奏会，这进一步加深了两国对于古筝文化的互相了解。

3. 日本筝对中国筝的沿袭

在古筝的各个方面，日本筝均体现着对于中国筝的沿袭。

构造：中国筝包括筝头、筝尾、岳山、面板、底板、边板、筝码、筝弦等。日本筝包括龙头、龙尾、龙背、龙手、龙趾、云角、槽、柱、筝弦等。可见，两种筝的基本构造大体一致。

中国筝加入传统文化龙的元素，日本筝同样如此，其包含龙云、龙角等，并在头部、尾巴处运用坚硬的木质材料，弦的材质均采用尼龙丝。

调弦：日本筝的调弦与中国筝类似，可以通过移动琴码，在一定的音域内调动弦长。在弹奏中间虽然也可随时调整，但这样会给演奏者带来不便。另外，日本筝左手通过按指奏法可以获得本弦以外的音，中国筝也是如此，本弦中的音并没有 fa、si，则可以通过左手按 mi、la 弦获得。

**（二）古筝在马来西亚的传播与影响**

1. 古筝初传马来西亚

古筝在马来西亚也有着比较广泛的传播，不过传入时间较晚。在 19 世纪，中马两国已经有了广泛的交流与往来，在交流中，大量中国传统音乐传入马来西亚。曾经一段时间内，中国有大量的华人迁入马来西亚，所以中国传统音乐在当地有较多的受众，这使得中国传统音乐迅速在当地“生根发芽”。

进入 20 世纪 90 年代，随着中国改革开放力度进一步加大，中马两国的交往变得更加密切，许多年轻华人进一步提升了对于中国传统音乐的关注度，他们虽然生活在马来西亚，但是并未忘记传承中国传统音乐的责任与使命。这时涌现出许多艺术家，致力于发展中国传统音乐。中国民族乐器中最具代表性的当属古筝，这是因为古筝起源较早，大约在秦朝便已经形成，其承载了中华民族较为丰厚的历史文化底蕴。古筝虽然音量不大，但是意蕴十足，能够生动展现其他乐器所无法表现的意境之美，具有较强的写意性。于是，越来越多的音乐家与爱好者研究古筝，并开设古筝培训班。

2. 马来西亚古筝的发展

"在马来西亚，随着社会的发展，人们深刻地认识到音乐教育对于一个人素质影响的重要性，因此越来越多的人开始学习音乐，特别是对于民族器乐的学习。古筝，这一中国传统民族器乐因其优美的音色以及较易上手学习的特点而备受马来西亚华人社会的青睐，学习古筝的人数是各种民族乐器之首，学习者以华人居多，使古筝音乐呈现出良好的发展趋势。"① 马来西亚吸收中国传统音乐元素，又由于其与我国闽粤琼等地距离较近，在长期发展中，马来西亚给中国传统音乐加入了许多南派音乐元素，形成了独具特色的马来化传统音乐体系。

如今，中马两国在音乐领域依旧保持着密切联系，在马来西亚，越来越多的人接触古筝，大量中小学生报名古筝培训班，这再一次表明我国古筝文化的海外传播的影响力进一步加强。

## 三　二胡在海外的传播与影响

二胡作为我国民族乐器的重要代表，其海外传播主要于 20 世纪 90 年代开始，首先传入的便是日本。

### （一）二胡初传日本

二胡传入日本并非偶然，这一时期日本事实上正在流行"中国风"，在日本大街小巷，到处贩卖各种中国小说、名著。音像店也在播放中国的音乐，当日本人听到独特的二胡音乐时，十分喜爱，之后

① 翟源：《浅谈马来西亚古筝音乐的传播与发展》，《陕西教育·高教》2013 年第 9 期。

二胡音乐作品便在日本逐渐传开。二胡音乐在日本的影响逐渐加深，学习二胡的音乐爱好者与演奏家也越来越多。据记载，21 世纪初日本已经出现了大量专业进行二胡演奏的艺人，他们时常与中国二胡演奏家进行交流，并盛情邀请中国二胡演奏家前往日本进行学术研讨。例如，姜建华、许可、杨新兴、张会斌、王明君、刘福君等。可见，这一时期二胡深受日本人民喜爱，并更进一步地传播开来。不过，二胡真正在日本“火”起来，却是于2003 年“女子十二乐坊”现身日本之时。

### （二）日本二胡的发展

“女子十二乐坊”为中国传统乐器构成的器乐乐队，她们一改流行乐坛的演奏方式，以中国传统器乐作为演奏主体，包括二胡、古筝等。同时，为了丰富听众的感受，她们创造性地加入现代电声等流行元素，打破海外人士对于传统音乐的固有看法。“女子十二乐坊”在日本演出后，引起了巨大轰动，越来越多的日本人开始学习中国二胡。

这一时期，日本的二胡演奏家逐渐增多，他们师从于华人，部分还曾经长期留学于中国，其演奏水平也较高。在日本，他们广泛吸收中国二胡演奏方式，同时又进行了适当丰富与发展。例如，在日本的演奏选曲方面，他们会更加倾向于选择日本乐曲。而在乐器组合方面，他们则会加入吉他、贝斯、钢琴、电子琴、电声伴奏、套鼓等流行乐队、爵士乐队，等等。另外，还有些人会在演出时创造性地加入舞蹈、书法等内容，从而给音乐表演增添更多的观赏性。

## 四　琵琶在海外的传播与影响

琵琶在海外尤其是朝鲜半岛与日本具有极为广泛的传播，并产生深远影响，有效促进了东亚各国音乐文化的发展。

### （一）琵琶在朝鲜半岛的传播与影响

1. 琵琶初传朝鲜半岛

我国琵琶于公元 4 世纪传入朝鲜半岛，初传朝鲜半岛的琵琶为阮咸琵琶，是我国古琵琶中的一个重要类别。这时朝鲜正处于古三国时代，我国正处于魏晋时期，可见两国的社会都较为动荡，但是这丝毫未影响音乐文化的发展与传播。由于战乱造成物质资源极为匮乏，人们反而更乐于通过精神享受来为生活增添乐趣。同时，百济与中国建立了十分密切的交往关系，百济曾对中国进行多次访问，分别向东晋、南朝宋、北齐、南朝梁、南朝陈遣使 6 次、12 次、4 次、4 次、4 次。以上因素共同为朝鲜半岛音乐发展提供了保障。

公元 7 世纪，我国进入唐朝时代，朝鲜半岛为新罗统一时期，新罗曾多次派出乐师来唐朝学习文化，其中包括大量的音乐文化。例如，公元 664 年，新罗乐师星川等来唐朝学习唐乐，返程时带走了十二种唐朝时期的乐器，其中包含琵琶。这时的琵琶与此前有所不同，由阮咸琵琶改为四弦琵琶。

2. 朝鲜半岛琵琶的发展

朝鲜半岛进入高丽时代，同样与我国来往密切，受到唐朝宫廷音乐的影响，其音乐也分为雅乐、唐乐、俗乐。并对乐师之职进行了更为细致的划分，区分为乡琵琶乐师与唐琵琶乐师。同时，这一时期高丽还出现大量唐朝时期的流行音乐，包括《水龙吟》《献仙桃》《五羊仙》《洛阳春》等。

进入朝鲜世宗时期，乐器种类明显增多，琵琶亦是如此。根据朝鲜典籍《世宗实录 · 五礼仪》记载，当时朝鲜社会有大量雅乐器和唐俗乐器，有唐琵琶、乡琵琶、方响等，约 20 余种。同时，朝鲜世宗十分喜爱中国文化，大力提倡人们学习唐琵琶，并要求专门设立培训唐琵琶艺人的机构。

进入朝鲜后期，朝鲜宫廷演奏琵琶的情况有所转变，不再有从前一样的盛况，而是演变为小规模演奏。与之相反，民间琵琶演奏活动逐渐增多。可见，受到中国影响，朝鲜琵琶呈现从种类单一到种类多样，从宫廷到民间的发展趋势，时至今日，朝韩都仍然较为重视对于琵琶文化的学习与发展。

**（二）琵琶在日本的传播与影响**

1. 琵琶初传日本

琵琶东传日本比朝鲜半岛要晚，大致于公元7世纪才开始。公元645年日本进行“大化改新”，要求全力学习中国文化，包括中国的思想文化、制度文化、文学文化、音乐文化等。也因此，日本特地组建了遣唐使团，遣唐使到达中国后，大量吸收中国传统文化精华，并将其带回日本。值得一提的是，在遣唐使中有一定数量的乐师，乐师包括音声长和音声生，他们不仅在中日交流时进行表演，还有利于日本吸收和学习中国传统音乐文化。

2. 日本琵琶的发展

在中国文化的影响之下，日本也诞生了一批具有较高音乐造诣的人物，如吉备真备、永忠、藤原贞敏、良岑长松、大户洁上等。

随着时代发展，日本针对音乐进行了大规模改革，认为包括阮咸在内的中国传统乐器无法完全符合日本大众的音乐审美，应当适当作出改变。日本要求结合本土特色，进行琵琶结构上的创新，创造出了乐琵琶与宗教琵琶，乐琵琶又衍生出了平家琵琶，而宗教琵琶又衍生出了萨摩琵琶与筑前琵琶（表5-1）。

**表5-1**

| 名称 | 琴弦数量 | 琴长 |
|---|---|---|
| 乐琵琶 | 4 | 三尺五寸 |
| 平家琵琶 | 4 | 二尺二寸 |
| 萨摩琵琶 | 4 | 三尺 |
| 筑前四弦琵琶 | 4 | 二尺七寸三分 |
| 筑前五弦琵琶 | 5 | / |

至公元894年，日本不再向我国派出遣唐使，但这并不意味日本不再向中国学习，也不意味中国的音乐文化在日本丧失活力。反之，

中国的音乐文化、乐器文化仍然在东亚各国中不断发展，持续产生着影响。

在日本的正仓院则存有大量由我国传入的琵琶，这足以证明我国琵琶在日本产生的影响。有唐螺钿紫檀阮咸、唐螺钿紫檀五弦琵琶、唐两面木画紫檀琵琶等。另外，日本阳明文库也存有关于琵琶的典籍，如《五弦琵琶谱》《南宫琵琶谱》等，其中包含着大量我国琵琶文化之精华。

总的来看，日本面向我国的乐器文化学习与引入持续时间并不长，但是影响较为深远。中国乐器初入日本时，日本贵族便对其产生强烈的兴趣，甚至奉为至宝。后来，日本琵琶开始摆脱唐乐的羁绊，由最初单纯的模仿，走上创新之路，加入较为丰富的日本元素。不过，日本从未改变对待中国琵琶文化的态度，一直重视学习中国琵琶制造技术与演奏技巧。

## 第二节　中国音乐在世界各地的传播与影响

### 一　中国音乐简介

据考古发现，中国音乐可追溯至7000多年前，中华民族在几千年的历史长河中，创造了丰富的音乐文化，并对周边地区的音乐产生了深远的影响。

中国素号“礼乐之邦”，古代音乐在人格养成、文化生活和国家礼仪方面有着很重要的作用和地位。在《论语·泰伯》中，孔子提出“兴于诗，立于礼，成于乐”的学习步骤。

当代社会，各国各民族的各色文化充实世界，人们接触外来文化，并受其影响。但我国人民应当铭记中国传统音乐对于华夏民族的重要意义，致力于保护与传承中国传统音乐文化。

### （一）中国音乐的早期发展

中国音乐，简称“华乐”“国乐”。1987 年，我国河南省舞阳县贾湖遗址出土了 30 多支丹顶鹤尺骨制成的骨笛，经过碳 14 测年，这批骨笛源于 7800—9000 年前华夏族先民聚居的史前聚落。由此可知，我国音乐的起源可追溯至上古时期。据考古学家发现，这批文物分别有五孔骨笛、六孔骨笛、七孔骨笛和八孔骨笛，至今仍能演奏富含变化音的少数民族或外国乐曲。不过，由于缺乏这一时期的史料，人们所能获知的信息较少。

1. 夏

夏朝时中国音乐已经有了发展，并普遍与舞蹈结合在一起。这时出现了较为原始的乐器，包括石磬、特磬、陶埙等，也出现了歌颂夏禹的《大夏》，以夏禹治水的万世功绩为主要内容。

随着社会生产力水平不断提高，传统音乐在质量和规模上已经大大超越了原始社会时期，正如《吕氏春秋·侈乐篇》记载：“夏桀、殷纣作侈乐，大鼓、钟、磬、管箫之，以钜为美，以众为观，俶诡殊瑰，耳所未尝闻，目所未尝见，务以相过，不用度量。”[①] 这证明夏朝已经出现了一批专职乐舞的人员。

2. 商

商朝产生了歌颂商汤开国功勋的乐舞《大濩》，这一时期已经有了半音、标准音的概念，半音的出现为十二律的产生提供了保障。同时，商朝乐器已经较为丰富，除了石磬、陶埙之外，还有编钟、铃、鼓、和、言等。

3. 周

周朝时期不得不提及周公，周公是极具传奇色彩的重要人物，对于周朝的发展，乃至整个华夏文明的发展都产生了重要影响。周公经

① （战国）吕不韦：《吕氏春秋》，臧宪柱译，北京联合出版公司 2015 年版，第 58 页。

营成周、讨伐叛乱，更重要的是制定礼乐制度，制定了一套烦琐的礼仪和与之相对应、相协调的音乐。该制度的实施巩固了奴隶主阶级的社会地位，促进了中国传统音乐的发展。

周朝还设置了春官，春官并不是一个官职，而是一个机构，机构中包含大司乐、乐师、大师等乐官，还有大量的乐工。以上人员共同负责周朝的音乐表演、音乐教育等活动。例如，大司乐统领整个春官，并负责教授国子、世子音乐知识；大师教六律六吕、八音、无声等音乐理论等。

虽然在这一时期，我国的传统音乐有了较大程度的发展，但是还仅停留在宫廷贵族层面上，音乐教育机构的培养对象基本为王室贵族子弟，只有极少数为民间的音乐人才。学习内容包括音乐审美、音乐乐理、音乐与舞蹈等，学时长达 7 年，王公子弟需要从 13 岁一直学到 20 岁。足见周朝时期音乐的重要性。

周朝还将这时的乐舞分五个大类，为《大咸》《大韶》《大夏》《大濩》《大武》。在周朝早期，最具代表性的乐舞为《大武》，展现的是周武王讨伐商纣王的历史事件，由大量表演者共同完成，场面十分恢宏。《大武》分为六部分，分别展现武王伐纣的各个阶段，以表现周朝帝王对于周武王的崇敬之情。

周朝民间社会也出现了大量音乐作品，包括《诗经》《楚辞》《成相篇》等，《诗经》为我国传统诗歌集的“鼻祖”，深刻反映了当时社会的面貌。《楚辞》则是楚文化的杰出代表，充满了浪漫主义情怀，极具幻想力与创造力。《成相篇》为战国荀子所作，分为三个乐章，内容多为治国之道与历史故事，具有一定的现实批判性。

4. 秦汉

秦汉时开始出现“乐府”，它继承了周朝采风制度，搜集、整理民间音乐，也集中了大量乐工在宴享、郊祀、朝贺等场合演奏。这些用作演唱的歌词，被称为乐府诗。

汉代主要的歌曲形式是相和歌。它从最初的“一人唱，三人和”的清唱，发展为有丝、竹乐器伴奏的“相和大曲”，对隋唐歌舞大曲有重要影响。汉代在西北边疆兴起了鼓吹乐，以不同编制的吹管乐器和打击乐器构成多种鼓吹形式。人们或在马上演奏，或在行进中演奏，用于军乐礼仪、宫廷宴饮以及民间娱乐。

5. 魏晋南北朝

魏晋南北朝时期，我国迎来历史上音乐发展的高峰期。

首先，这一时期我国社会南北对峙，战乱频繁，社会极为动荡。国内各个政权都希望巩固其统治，提升其军事力量，无暇顾及社会中思想文化与音乐文化的发展情况和趋势，这给音乐快速发展提供了十分自由的社会环境。

其次，这一时期大量游牧民族南下，包括跋拔族、鲜卑族等，他们希望能够在中原地区占有一席之地。我国西部的中亚西亚国家也与我国长期进行贸易往来与文化交流。各民族均有其独具特色的民族性音乐文化，如此多元的文化给中国音乐的发展与创作提供了丰富的素材。

再次，这一时期儒家、道家、玄学等思想互相交融，激发了大量文人的文学创作灵感，如嵇康、阮籍等，他们创作的文学作品成为后世音乐作品时常引用和借鉴的内容。

最后，东汉末年传入我国的佛教文化，在经过多年战乱后，取得了较大的丰富与发展。佛教除了浩如烟海的经卷梵文，还有大量音乐。佛教音乐有“供养”“颂佛”作用，大量佛乐成为我国音乐发展深厚的滋养。

综上，我国魏晋南北朝时期的音乐取得了较大的发展，并为隋唐音乐提供了借鉴。

中国音乐早期发展如图 5－2 所示。

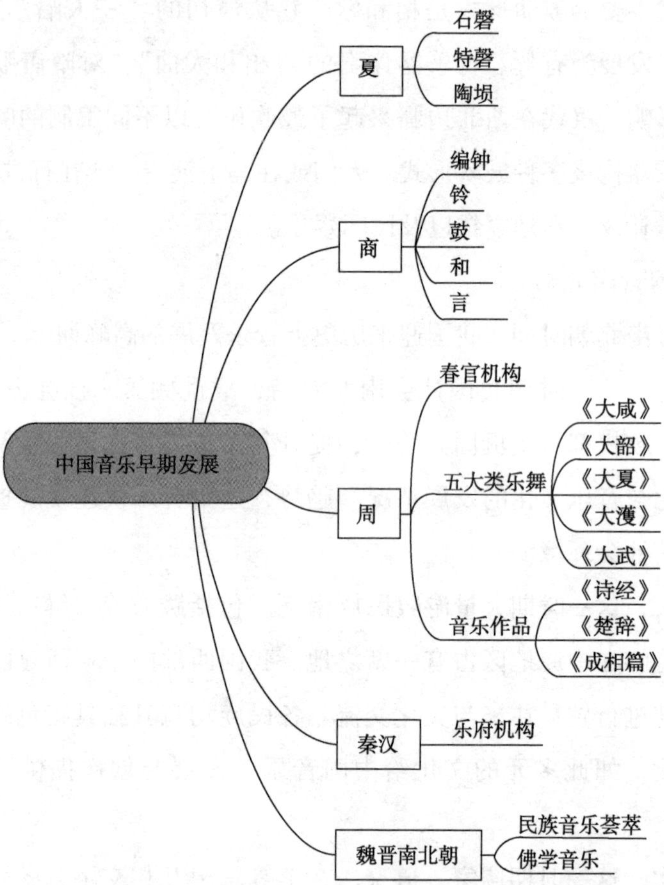


**图5-2　中国音乐早期发展**

### （二）中国音乐的中后期发展

隋唐之后，为我国传统音乐发展的中后期，这一时期传统音乐无论是乐器、乐理、机构、作品，都呈现出了极为繁荣的情况，并且对海外各国的音乐发展产生了广泛的影响。

1. 隋唐时期

隋唐时期，我国终于又由分裂归于统一，经过唐高祖与唐太宗励精图治，唐朝社会政治稳定，经济兴旺，文化繁荣，统治者奉行开放政策，大量吸收外来文化，出现了以歌舞音乐为主要标志的音乐全面发展高峰。不过唐朝音乐主要为宫廷音乐，并未完全在社会中传开。

（1）燕乐。燕乐，又名宴乐，指唐朝宫廷中宴请他人时，供宾客娱乐怡情之用的音乐，具有较强的艺术性。燕乐是传统音乐与外来元素融合而成的音乐文化，包括声乐、器乐、舞蹈、百戏等。

（2）乐理。受到龟兹音乐理论的影响，唐朝出现了八十四调，燕乐二十八调的乐学理论。唐朝曹柔还创立了减字谱的古琴记谱法，一直沿用至近代。

（3）歌舞戏。唐朝末年还盛行一种有故事情节，有角色和化妆表演，载歌载舞，同时兼有伴唱和管弦伴奏的歌舞戏。

（4）胡旋舞。胡旋舞本为西域歌舞，唐朝传入长安后风靡宫廷。该舞蹈多旋转蹬踏，伴奏以打击乐器为主，弦乐器为辅，颇为欢快，具有浓郁的西域特色。

总之，隋唐尤其是唐朝中期，代表了我国传统音乐发展历史上的第一次高峰。

2. 宋金元时期

这一时期是我国音乐历史上的重要转折时期，音乐由宫廷主流转向了民间，许多平民百姓也拥有了观赏歌舞、欣赏音乐的权利。可见，这时的音乐普及性与综合性都更强。

（1）瓦舍。这一时期新兴了一个娱乐场所，名为瓦舍。瓦舍中时常表演各种节目，包含戏剧、杂剧等。

（2）散曲。散曲是金人结合民俗谚语与俚语，融合诸宫调和词调发展而成的一种歌曲。

（3）陶真。陶真是一种说唱形式，题材较为通俗易懂，所以广泛流行于农村地区。

（4）诸宫调。诸宫调也是一种说唱，说唱内容为特定的小故事，情节比较紧凑，故事较为简短，同时还有伴唱。这种说唱在曲牌组合、宫调转换等方面都具有一定的创新。

可见，宋金元时期我国音乐发展呈现出多样化的趋势，除了上述各种形式的音乐之外，还有许多其他种类的音乐，包括鼓子词、货郎儿、散曲、唱赚、词调、杂剧、南戏等。

3. 明清时期

明清时期我国音乐达到发展史上的又一高峰。一方面，音乐进一步由宫廷向普通市民阶层普及，一些广场、寺庙在特定的时节举办音乐活动，这极大地增强了音乐的普及性、推广性；另一方面，民间歌曲和各种戏曲抬头。例如，出现大量的戏院与杂耍馆，馆内进行种类丰富的戏曲表演，包括四平腔、小曲、八角鼓、十不闲、道情、乱弹等。民间歌曲更是种类繁多，生动体现了古代劳动人民的劳作生活，包括江南的“山歌”，北京的“插秧歌”，湖南的“采茶歌”，广东潮州的“秧歌”，广西僮族的“浪花歌”等。

总之，明清时期的音乐异彩纷呈、种类繁多，既有大量宫廷音乐，又有大量具有明显社会性、世俗性的音乐形式，既有细腻婉转的昆山曲调，又有高亢嘹亮的陕西秦腔，可谓包罗万象、不胜枚举。

4. 近现代音乐

明朝末期，一些西洋音乐传入我国，包括各种宗教音乐等，我国的音乐体系再一次得到了丰富与发展。20 世纪初，在新文化运动的影响之下，国内越来越多的学者、音乐家开始关注古典音乐，他们大量吸收各国音乐文化精华，组建乐团，促进我国的民族音乐向多元化的方向转变。

在中国共产党成立之后，国内的音乐发展方向发生了转变。20 世纪上半叶，中国大地一直处于战乱的境况之中，为了凝聚人心，增强广大人民群众共同反击帝国主义侵略的斗志，伟大的共产党人创作了大量革命歌曲。例如，《黄河大合唱》《没有共产党就没有新中国》《弹起我心爱的土琵琶》《地道战》《游击队歌》《娘子军连歌》《十送红军》《志愿军军歌》《解放军军歌》《毕业歌》，等等。革命歌曲极大地丰富了我国传统音乐的内容，成为传统音乐的又一新形式。与古代中国音乐相比，中国革命歌曲中包含大量的先进性、进步性内容，一方面，革命歌曲中蕴含中国共产党人对于和平的渴望，以及对于共产主义的信仰；另一方面，古代音乐多以维护封建统治为目的，并且主要在宫廷中演奏，而革命歌曲反映国内劳动者的共同追求，能够在各个场所供各个阶层的人传唱，具有极强的普及性。

改革开放以来，由于我国加强与海外各国的文化交流，各种类型的音乐互相碰撞、融合，我国的音乐呈现出更加多元的发展趋势。其中，流行音乐、摇滚音乐异军突起，成为新时代下极受欢迎的新型音乐形式。

纵观我国音乐的发展历史，其经历了从单调至多元，从宫廷到民间的演变历程，其中不仅体现出了我国社会的变迁，更体现出我国不同历史时期人们对于音乐文化的不同价值追求。

## 二 中国音乐在日本的传播与影响

中国音乐在日本的传播应当分成两部分来看待，分别为对古代日本的影响与对现代日本的影响。

### （一）中国音乐在古代日本的传播与影响

我国于魏晋南北朝时期曾与亚洲其他国家进行十分广泛的交流，但是并未有记载这一时期我国音乐传入日本。我国音乐传入日本最早应当于隋唐时期。这一时期日本曾派遣大量遣隋使、遣唐使来到我国。日本曾向我国派出遣隋使 4 次，遣唐使 19 次，他们对中日音乐文化交流起到了至关重要的作用。另外，我国也有大量音乐界的华侨华人曾经旅居日本，给日本音乐文化的发展带去了更多的“滋养”。

第一，在我国音乐机构的影响下，日本也仿照唐朝成立了音乐机构“雅乐寮”。“雅乐寮”包括两种乐工，分别为音声人和乐户，而音声人与乐户的名称、特性、主管事宜均与我国一致。

第二，在我国唐朝音乐与舞蹈结合的表演形式的影响下，日本也对此有所发展，产生了歌舞乐师，这些乐师大量学习唐朝歌舞文化。同时，唐朝在日华人对于这些乐师进行指导，如袁晋卿等。袁晋卿为唐朝著名外交官，对于音乐具有极高的造诣，其曾于唐玄宗时期旅居日本，并任音博士等官职，还曾掌管律令制时期天皇政府中的接待外国使臣及佛寺僧尼等事务。

这一时期，在日本最为流行的唐朝歌舞莫过于《兰陵王破阵乐》《天平琵琶谱》等。《兰陵王破阵乐》是我国古代歌舞艺术巧妙结合的典型代表，演出者需要佩戴假面，根据音乐的节拍，进行各种舞蹈动作。日本贵族不仅十分喜爱《兰陵王破阵乐》，还在此基础上，发展出中国元素与日本元素相结合的歌舞作品。

进入明朝与清朝前中期，中国的音乐与舞蹈艺术继续传入日本，此为日本的“明清乐”。所谓“明清乐”，包括古诗词歌曲与宫廷雅乐，以及各种小调俗曲。

可见，我国自隋唐至明清一直对日本音乐发展产生着较为重要的影响，日本的一些音乐机构、音乐作品以中国为原型，日本的部分音乐文化与中国一脉相承。

**（二）中国音乐在现代日本的传播与影响**

我国音乐在日本近现代社会的传播可以分为三个阶段。

第一阶段，19 世纪末期。清朝末期，日本对于西方文化包括西洋音乐十分推崇。虽然有些日本艺人还在使用部分中国的传统乐器，但是在日本社会，中国乐器已经走向衰落。

第二阶段，改革开放。改革开放给我国社会注入了新的活力，我国文化领域的专家学者不仅广泛吸收外来优秀文化，也大力弘扬传统音乐文化，这使得我国音乐文化得以复兴。当然，日本也看到了这一点，他们开始派遣学者来到我国学习和交流。国内诸多音乐工作者也时常受到日本的邀请，在日本进行各种演出。在日本，中国音乐工作者的演出以二胡、琵琶、扬琴等传统乐器为主，主要作品包括《一枝花》《空山鸟语》《江河水》《塞上曲》《阳春白雪》《彝族舞曲》等。

这对日本社会产生了较大的影响，许多音乐人更加重视中国音乐，并为中国音乐宣传提供场所与机会。例如，1995 年，日本邀请姜建华、杨宝元、苏宇红于东京上野奏乐堂举办《刘天华诞生百年纪念音乐会》。刘天华音乐造诣极高，对于民族音乐的发展和传承具有较大的贡献。

第三阶段，20 世纪与 21 世纪之交，中国对于日本音乐文化的影响进一步加大。不仅音乐演奏增多，其中诸多音乐元素也开始真正融入日本社会。许多日本音乐工作者把中国音乐元素与日本音乐结合。例如，《樱花》《红蜻蜓》等。又如，石井真木的《飞天颂歌》、山本纯之介的《红焰》等。

### 三 中国音乐在朝鲜半岛的传播与影响

公元前 11 世纪，箕子于朝鲜半岛建立箕子朝鲜。箕子在殷商时曾被封为掌管礼乐的官员，其人精通音乐，很可能促进了朝鲜半岛音乐的发展。进入汉朝，中朝两国交往更加密切。《后汉书・东夷列传》记载：“其王来朝京师，帝作黄门鼓吹。”这是说，当时的朝鲜派使臣来朝，汉朝以鼓吹欢迎，而这种演奏形式也被传入朝鲜。魏晋时期，朝鲜半岛的乐器已经十分多样，包括五弦琵琶、伽倻琴、筝、鼓等。其中，伽倻琴是朝鲜古时最具代表性的乐器之一，而其渊源在中国。可见，朝鲜乐器与中国传统乐器联系颇深。隋唐时期，中朝音乐交流达到高峰，朝鲜大量使用唐朝雅乐，这些雅乐占据了朝鲜宫廷的主导地位。

明朝时期，民歌、小曲十分流行，而朝鲜恰逢李氏朝鲜时期。世宗初期朝鲜的音乐主要还是唐乐，到中期，唐乐传承已所剩无几，到了末期，朝鲜音乐文化已经发生了较大的变化，音阶由五声音阶转变为三声音阶或四声音阶。

明朝洪武三年、永乐三年分两次向朝鲜赐予编钟、琴、笙、排箫、箫等乐器和乐谱。永乐六年，又赐予编钟、琴、瑟、笙等乐器。

清朝中后期，由于清政府国力衰微，朝鲜逐渐与之疏远。朝鲜兴起了“实学派”，主张学习西方先进思想和文化，宫廷音乐之中占主导地位的雅乐也呈现衰颓之势，唐乐逐步乡乐化，反而民间音乐兴旺发展。

总的来看，我国对于朝鲜半岛的音乐文化输出较早，在公元前11世纪很可能就已经开始，之后数千年间，两国一直交往密切，朝鲜也一度为我国的属国。早期，朝鲜大量引入我国的各种传统乐器，之后又逐渐吸收我国的音乐形式。甚至在当代朝鲜半岛的雅乐中，人们依然能够找到当年我国古代雅乐的痕迹。

## 四　中国音乐在西方的传播与影响

### （一）民歌《茉莉花》在西方的传播

《茉莉花》为我国著名民歌，在一些西方人眼中，这首歌或许是最能够代表中国的歌曲。该民歌曲调优美、婉约自然、轻柔洒脱，独具东方韵味。殊不知，这首歌曲于18世纪便已产生，公元1768年，我国还处于清朝时期，法国著名学者卢梭将《茉莉花》收录于《音乐辞典》一书中，而《茉莉花》的曲谱则于1804年收录在《中国旅行记》一书中。后来，著名音乐家普契尼于1926年创作了歌剧《图兰朵》，他曾于《图兰朵》中多次使用《茉莉花》的音乐，可见，《茉莉花》对于西方音乐与歌剧艺术影响深刻。1937年，格林编著《各国歌曲集》，也把《茉莉花》收录其中。另外，《茉莉花》还进入西方各国的音乐教材之中。例如，1880年德国莱比锡出版的《音乐史》中记录了《茉莉花》的曲谱。

进入20世纪，《茉莉花》不仅是各国音乐人士所熟知的著名民歌，同样也是许多西方学者研究中国文化的“必然选择”，许多非音乐界的专家学者，也习惯于从《茉莉花》入手，从韵律和历史等多方面来探析中国文化的发展脉络，除了可以在各种报纸杂志中见到对《茉莉花》的解读以外，在诸多海外学术论文中同样也能见到。

在《茉莉花》于海外逐渐“火起来”的趋势下，我国在海外进行的《茉莉花》相关演出也越来越多。例如，1959 年，在维也纳举行的第七届世界青年与学生和平友谊联欢节上，前线歌舞团以中国青年代表团歌舞团的名义参加演出。1997 年 10 月，江泽民访美期间时任美国总统的克林顿在白宫南草坪为其举行的音乐招待会上，由美国国家交响乐团演奏。2013 年，在中央电视台春节联欢晚会上，由宋祖英与席琳·迪翁演唱。

**（二）中国传统音乐理论在西方的传播**

我国音乐文化起源较早，最早可以追溯到原始社会时期，这些文化开始记录于文献之中，则始于先秦时期。这时我国处于“百家争鸣”的时代，各种思想理论层出不穷。其中，不乏有些音乐方面的记载。例如，《礼记·乐记》中记载了音乐的起源，《吕氏春秋》中《仲夏纪》《季夏纪》的后四篇均为乐论，《论语》中也提出音乐的最高境界是“尽善尽美”，《荀子·乐论》则认为好的音乐对于民族的统一与国家的稳定具有一定的帮助。可见，我国古人早已认识到音乐的重要作用，并产生了丰富的音乐理论与音乐思想。

随着西方各国相继爆发资产阶级革命，进入资本主义社会，他们为了开拓更加广阔的市场，与东方国家的交流日益密切。

18 世纪开始，来华的西方人越来越多，他们除了广泛开展贸易活动之外，也大力学习中国文化，其中，他们对于中国音乐理论则表现出十分强烈的追求。西方学者广泛翻译和学习中国文化典籍，包括《礼记·乐记》《周易》《论语》《吕氏春秋》《前汉书·律历志上》《性理大全》中的音乐理论，也包括《苑洛志乐》《乐府传声》《宋史·乐志》中的音律学理论，以及《琴声十六法》《琴适》《琴赋》中的古琴理论等。

在学习中国文化的过程中，一些西方人把中国音乐理论进行西化，如李提摩太夫人玛丽·马丁在《中国音乐》中深入分析中国音乐理论，并尝试将其融入西方音乐理论体系之中。

# 第六章 “高山流水”

## ——中国曲艺与戏曲在海外的传播及影响

## 第一节 中国曲艺的艺术特征分析

### 一 中国曲艺简介

曲艺，指中华民族“说唱艺术”的总称，曲艺最初以民间口头文学与歌唱艺术作为其基本表现形式，经过不断发展，演变成十分独特，颇具中国风味的艺术形式。

中国曲艺艺术历史悠久，剧种种类繁多。据不完全统计，我国各民族地区的曲艺剧种约有400余种，传统剧目数以万计。各种曲艺形式遍布于中国的大江南北。这众多的曲种虽然各自有发展历程，但它们都具有鲜明的民间性、群众性，具有共同的艺术特征。

包泉万与许伊莎认为：“曲艺艺术的本质特征是以口头语言进行说唱表演。按其形态构成方式，可分为四类，一类是‘说’的曲种，如相声、评书、评话等；二是‘唱’的曲种，如京韵大鼓、扬州清曲、东北大鼓等；三是‘又说又唱’或‘半说半唱’，如鼓书、琴书、弹词等；四是‘似说似唱’，如山东快书、快板书等。”[①]（如表6-1）。

---

① 包泉万、许伊莎：《中国民族民间艺术读本》，辽宁大学出版社2013年版，第134页。

表6－1　　中国曲艺主要类别

| “说”类 | “唱”类 | “似说似唱”类 | “又说又唱”类 |
|---|---|---|---|
| 小品<br>相声<br>评书<br>评话 | 京韵大鼓<br>单弦牌子曲<br>扬州清曲<br>东北大鼓<br>温州大鼓<br>胶东大鼓<br>湖北大鼓 | 山东快书<br>快板书<br>锣鼓书<br>萍乡春锣 | 山东琴书<br>徐州琴书<br>恩施琴书<br>贵州琴书 |

本书认为中国曲艺应当更加细致地分为10个类别，分别为评书、相声、大鼓、弹词、琴书、走唱、牌子曲、快书快板、渔鼓道情、时调小曲。

## 二　中国曲艺的艺术特征

中国曲艺博大精深，不同曲艺类型包含着不同的艺术特征，以下对我国主要曲艺类别进行艺术特征分析。

### （一）“说”类曲艺艺术特征分析

1. 小品

小品，是关于说和演的艺术，起源于20世纪80年代。小品往往能够通过较为通俗易懂的语言与故事，以诙谐幽默的方式，反映出一定的社会现象，是广大人民群众喜闻乐见的表演艺术。

小品的风格特征有如下几个方面。

（1）故事简短，情节简单。小品所描述的故事情节往往较为简单，十分通俗易懂，并不像其他艺术需要咬文嚼字、引经据典。所以，观看小品也不需要提前“做功课”，不需要提前了解故事相关的背景内容，只需要“带上耳朵”倾听即可。

（2）风趣幽默，诙谐滑稽。小品主要是为了帮助观众获得心情上的愉悦与放松，其表现方式与作品内容以轻松诙谐为中心，避免观众在观看的过程中产生疲惫感。

（3）内容丰富，雅俗共赏。小品首先是一种艺术表现形式，同时又是一种大众化的表演方式。所以，它必须要具备艺术的“雅”，需要有艺术的内涵与思想，又必须是大众可以轻松理解、易于接受的形式。如果表演内容需要引经据典，观众则无法欣赏。反之，也不应过于“俗”，适当的“俗”能够给观众以较强的切身体会，而过“俗”则不登大雅之堂，难以称为艺术表演。

（4）讽刺性强，饱含深意。“艺术来源于生活高于生活”，艺术要取材广泛，善于从生活中提取素材，并使其比生活具有更多的艺术性，要高于生活。但是，艺术不应脱离生活，也要与生活相联系，要能够反映社会中的部分现象，寓教于乐。

2. 相声

相声，为我国著名民间曲艺之一，相声内容包罗万象，表演方式与众不同，优秀的相声表演不仅能够带给观众十分愉悦的情感体验，还能引起观众对现实社会生活的思考。我国相声始于明清时期，有三大发源地，分别为北京天桥、天津劝业场、南京夫子庙。

自相声产生后，迅速传遍祖国大江南北，由于其极具诙谐性，又能针砭时弊，受到大众热烈追捧与欢迎。著名相声演员有张寿臣、马三立、常宝堃、侯宝林、刘宝瑞等。

相声根据不同的划分依据，也能够被区分为不同类别。

根据表演者的人数，相声能够被分为单口相声、对口相声、群口相声三种类型：单口相声为一个人进行表演，有点类似于评书，但是略有不同，其诙谐性与幽默性更强；对口相声为两个人进行表演，一人为捧哏，一人为逗哏，一捧一逗，互相配合，相得益彰；群口相声为三个人或三个人以上共同进行表演，除了捧哏与逗哏之外，还加入了“腻缝”。

根据内容与功能，相声能够被分为讽刺型、歌颂型、娱乐型三种类型：讽刺型相声，指包含较强讽刺的相声，有时自嘲自讽，有时针砭时弊，有时讽刺他人，内容较为深刻；歌颂型相声，歌颂型相声与讽刺型相声相反，时常与社会相联系，主要以歌颂为主题，歌颂新时代方针政策的美好等，最具代表性的有马季的《新〈桃花源记〉》，侯耀文的《京九演义》；娱乐型相声，以单纯幽默、逗笑为主旨，并不包含过于深刻的社会性与现实性，该类相声数量最多。

相声的主要表演形式为“说”“学”“逗”“唱”。“说”指讲故事，把所要表达的故事与内容说给观众，使其了解来龙去脉，也是一种铺垫。“学”指模仿人物、方言、声音。“逗”指制造笑料，引起观众发笑，形成良好的现场氛围。“唱”指演唱“太平歌词”，“太平歌词”是相声演员的必修课，其历史较为悠久，形成于清朝前中期，是一种民间小曲。这四门功课为相声的基本功，是每一位相声演员必须掌握的基本技能。

3. 评书

评书，又名说书、讲书，是一种以“说”为表演方式的曲艺艺术。评书起源较早，在宋朝乃至宋朝之前便已经出现，于宋朝中期流行于大江南北。民国时期，评书曾盛极一时，时常出现万人空巷的情况，人们为了听评书甚至把街巷堵得水泄不通。中华人民共和国成立后，出现了众多优秀评书艺人，评书得到了进一步发展。著名艺人包括单田芳、孙一、田连元等，主要代表作品有《林海雪原》《平原枪声》《珍珠港》《三侠五义》《白眉大侠》《三侠剑》《童林传》《海青天》《李元霸别传》《罗成别传》《时迁演义》等。

评书一般具有三种类别，分别为袍带书、短打书、神怪书：袍带书，主要以历朝历代的将相故事为内容，描述一首首壮丽的反抗侵略、保家卫国的壮丽诗篇，如《列国》《三国演义》《罗通扫北》等；短打书，主要以本领高强、锄强扶弱的侠士为主人公，围绕这一主人公描述其英勇事迹，如《三侠五义》《施公案》《刘公案》《三侠剑》等；神怪书，主要以各种神仙志怪为内容，如《西游记》《济公传》

《封神榜》等。

评书的风格特征有以下几个方面。一是篇幅较长，叙事完整。评书与相声不同，相声往往故事简短，故事上下衔接不强，只是描述一小段故事。而评书故事较长，叙事完整。二是语言丰富，表演细致。评书表演的语言较为丰富，虽然一般以“说”为主要形式，但是说的方式亦是千差万别。不同的故事则有不同的叙事方法，给听众以不同的心理感受和体验。例如，短打书注重语句的停顿，声音要抑扬顿挫，在情节较为紧张时，能够引人进入紧张的故事情节之中。三是表现生动，通俗易懂。评书的语言表现应当口语化，既生动又形象，这样才能引人入胜。例如，小说中常称贪吃的馋人是“饕餮客”，评书如果也是这么描述，人们不了解特定的情境，则很难领会其中含义。传统评书则这样表现，《野猪林》中描写两个公差贪吃的丑态：“他俩举起了迎风的膀子，旋风的筷子，托住了大牙，垫住了底气，抽开了肚子头儿，甩开了腮帮子，吃得鸡犬伤心，猫狗落泪。”可见，评书的描写十分生动，不仅诙谐幽默，还十分易于理解，通俗易懂。

**（二）“唱”类曲艺艺术特征分析**

1. 京韵大鼓

京韵大鼓，为中国特色曲艺形式，由河北沧州的木板大鼓发展而来，在发展过程中，将活动中心转移到京津地区。著名表演艺术家刘宝全对传统京韵大鼓进行发展，不仅吸收了其他曲艺的唱法，还创新了曲目。京韵大鼓主要流派有刘派、白派、张派、少白派、骆派。

京韵大鼓传统曲目有《单刀会》《战长沙》《博望坡》《赵云截江》《草船借箭》《闹江州》《大西厢》《祭晴雯》《黛玉悲秋》等。

京韵大鼓的风格特征有以下几个方面。

一是伴奏与唱腔结合。京韵大鼓是以“唱”为主的曲艺形式，所以唱腔是必不可少的，是表演者的必修课，同时，还需要辅以伴奏，以增强节奏感。伴奏乐器也较为多样，包含三弦、四胡、琵琶等乐器，有时演员也自己击掌代替乐器。

二是融合多种曲调。京韵大鼓起源于木板大鼓，其在京津地区经过多年发展，融合了各种曲艺形式，吸收了大量其他戏曲曲调，各种各样的曲调极大地丰富了京韵大鼓的表演风格。例如，京韵大鼓吸收了京剧的发音吐字与部分唱腔，借鉴京剧的表演程式。

三是句式一般为七字句。京韵大鼓的基本句式为七字句，唱词共计一百五十句左右，有时会在句子中加入嵌字、衬字等。

京韵大鼓是非物质文化遗产的一部分，它的传承主要是口传心授，主要是师傅带徒弟的方式。在京韵大鼓发展中，由于传人稀少，其没有得到很好的继承与保护。如今京韵大鼓人才短缺，即使是较为擅长这一领域的人才，一些人也开始转行，可见其人才培养问题亟待解决。

2. 扬州清曲

扬州清曲，指明清之际广泛流行于我国扬州一带的曲艺形式，也常被称为“小唱”等。扬州清曲讲究朴素，表演无须化装，无须形体表演，重点在于唱功。

扬州清曲源于元代的“小唱”，经过多年发展，吸收了大量江淮一带的民歌俗曲。进入明清时期，扬州清曲名家沈德符等人结合多种乐器，丰富了扬州清曲的伴奏形式，此时扬州清曲有了较大的发展，其细腻的唱腔、婉转的曲调为世人所喜爱。

中华人民共和国成立之后，政府较为重视文化的传播，扬州清曲取得了进一步发展。这一时期的清曲艺人除了演唱传统曲目之外，还发展和创作了全新的曲目，包括《抗美援朝》《三女夸夫》等，这些新的曲目给扬州清曲带来了一些新的“活力”。不过到了 20 世纪末期，由于种种原因，扬州清曲的发展开始走下坡路，许多艺人开始转行。

如今，扬州清曲仍然式微。一方面，清曲表演者青黄不接，人才断档致使清曲事业发展困难；另一方面，许多现存的清曲工作者缺乏对于清曲艺术的热忱。

扬州清曲的风格特征：一是坐唱表演，扬州清曲的表演者一般是坐着演出，表演形式较为单一，以弹奏乐器为主；二是曲牌丰富，扬州清曲具有极为丰富的曲牌，据统计，扬州清曲曲牌数量多达100多种，包含宫调、羽调等调式，也包含不同的板眼组合，如一板一眼、一板七眼等。

3. 东北大鼓

东北大鼓，是东北地区的著名曲艺表演形式，由于其产生并兴盛于辽宁省沈阳市，所以又被称为“辽宁大鼓”“奉天大鼓”。东北大鼓最初的表演形式是演唱者一人操小三弦自行伴奏说唱，并在腿上绑缚“节子板”击节，也叫“弦子书”。东北大鼓融入了一些京剧、京韵大鼓和东北民歌的唱腔，曲调丰富，唱腔流畅，表现力较强。东北大鼓以说唱为主，内容大多取材于戏曲、小说和传奇故事，成了人们喜闻乐见的一种艺术形式。其经典剧目如表6－2所示。

表6－2 东北大鼓经典剧目

| | |
|---|---|
| 《刘秀走国》 | 《紫罗袍》 |
| 《三侠五义》 | 《五女七贞》 |
| 《马潜龙走国》 | 《巧合奇冤》 |
| 《下南唐》 | 《千里驹》 |
| 《施公案》 | 《十粒金丹》 |
| 《回杯记》 | 《明英烈》 |
| 《刘公案》 | 《烈火金钢》 |
| 《红岩》 | 《节振国》 |
| 《孙庞斗智》 | 《大西厢》 |
| 《罗成算卦》 | 《二进宫》 |
| 《杨靖宇大摆口袋阵》 | 《白求恩》 |
| 《渔夫恨》 | 《毛主席来到十三陵》 |

东北大鼓风格特征有如下几个方面。

一是演员独自演奏多种乐器。东北大鼓表演包含多种乐器，除了三弦这一基本的伴奏乐器之外，还有四胡、琵琶、扬琴等其他乐器进行伴奏，而这一切都要一名演员完成，所以，演员必须要掌握扎实的演奏基本功。

二是唱腔为七字句上下句式。东北大鼓音乐为板腔体，唱词多为七字句上下句式。唱腔板式种类繁多，包含大口慢板、小口慢板，还有快板、散板等。

三是讲究字正腔圆。东北大鼓对唱功要求较高，由于东北大鼓拖腔较多，如果字不正、腔不圆，很可能造成吐字不清的尴尬局面，会极大影响听众的体验。所以，练习时演员都需要“叼住字”，做好“吐”“立”“归”，一定要把口腔打开，不然字就唱偏了。

**（三）“似说似唱”类**

1. 山东快书

山东快书，源于清朝末年的山东地区，当时山东人民群众受到残酷压迫与剥削。于是，人们寄希望于快意恩仇的江湖豪杰，希望有人能够解救自己于水火之中。这时，一些表演艺术家便以武松等好汉为主角，创作了全新的故事情节，以富有节奏感的说唱进行展现。山东快书对于激发清末人民反抗封建、反抗镇压具有较强的激励、鼓舞作用，后来该表演形式传入华北诸多地区。

山东快书表演过程包含“说”与“唱”，具有较强的节奏感，演出方便，表演者可以随时随地开始表演，不需要特地搭建舞台。快书内容多与社会相结合，反映现实生活，极具感染力。其传统代表作包含《景阳冈》《东岳庙》等。

山东快书的风格特征有如下几个方面。

一是手、眼、身、步、包袱、扣子结合。表演者一般是站立，并结合多种动作进行表演，动作应当较为连贯流畅，以更加丰满地表现人物性格。不可只注重手、眼、身、步中的某一点，而忽视其他的方面，否则只能从某一方面展现剧中人物，展示不够全面，同时也缺乏感染力。

二是口语较多，通俗易懂。基本语言为山东西北地区方言，口语化、通俗化，有较强的“艮劲儿”，让听众容易理解。

三是道具简单、演出方便。山东快书没有复杂的乐器，常是一位或几位演员，用极简单的道具进行演唱，仅凭一人一板便能开始演出，乐器多为快板或者鸳鸯板。

山东快书的经典剧目如表6－3所示。

表6－3 山东快书经典剧目

| | |
|---|---|
| 《东岳庙》 | 《景阳冈》 |
| 《狮子楼》 | 《十字坡》 |
| 《石家庄》 | 《脑当猫》 |
| 《闹公堂》 | 《摔杯记》 |
| 《快活林》 | 《飞云浦》 |
| 《鸳鸯楼》 | 《张家店》 |
| 《白虎庄》 | 《二龙山》 |
| 《大闹马家店》 | 《打黄狼》 |
| 《打丰县》 | 《鲁达除霸》 |
| 《小寡妇上坟》 | 《打肥城》 |

2. 锣鼓书

锣鼓书，为上海一带著名曲艺形式，古时曾被称为“太保书”。锣鼓书包含说唱等形式，内容多为民间传说或历史典故。时至今日，锣鼓书已经经历了百余年的发展，形成了比较丰富的表现形式，不过由于时代变迁，以及老艺人相继离世，锣鼓书的演出越来越少，目前锣鼓书已经到了难以生存的地步。

锣鼓书的风格特征有如下两个方面。

一是“答腔”与“轮唱”。传统锣鼓书演出形式较为单一，时间一长，观众难免感觉疲劳。后来，加入了“答腔”与“轮唱”的表现手法。“答腔”，指主唱人上下句之间很多的时间间隙，由其他艺人饰其他角色答声。“轮唱”，指艺人们每人按坐的位置轮流各唱一段。这种风格极大地丰富了锣鼓书的表演形式。

二是运用大锣和小锣演奏。之所以称为锣鼓书，是因为其演奏过程主要运用锣鼓，锣鼓包含大锣与小锣，同时，辅以镲钹、拨渔、散板等乐器共同演奏。

**（四）“又说又唱”类**

1. 山东琴书

山东琴书为我国山东地区的古老曲艺形式之一，又名“小曲子”“唱扬琴”等，于公元18世纪发源于山东菏泽一带。到了清朝末年，山东琴书已经取得了较大程度的发展。曾几何时，山东琴书名家辈出，十分兴盛。

20世纪初，由于战乱等因素，山东琴书在很长一段时间内没有得到较好的保护，走向衰微。中华人民共和国成立后，党中央极为重视文化艺术的保护，鼓励大批文艺工作者与琴书爱好者进行相关领域的创作和演唱工作。2006年5月20日，山东省菏泽市申报的“山东琴书”经国务院批准列入第一批国家级非物质文化遗产名录。

山东琴书的风格特征有如下几个方面。

一是山东方言为主。山东琴书一般以山东本地的方言进行说唱，具有较强的地域特色，融合山东本地元素，同时结合各种小曲，独具一番韵味。

二是唱腔曲调丰富。山东琴书具有十分丰富的唱腔曲调，有曲牌200多支，以上合调、凤阳歌、叠断桥、汉口垛、垛子板、梅花落最为常用。

三是表现方式多样。最初的山东琴书仅为说与唱，后来琴书工作者进行了适当创新，打破原有演出模式，丰富了演唱风格。在演唱中，演唱者还可以根据不同故事的情节与现场的情况，以丰富的面部表情与手势动作与观众进行互动。

2. 徐州琴书

徐州琴书，又名“苏北琴书”，广泛流行于我国江苏省徐州市一带。由于徐州地理位置比较特殊，属于我国南方与北方的“分水岭”，所以既具有北方的豪迈，又具有南方的婉约，其曲艺特征亦是如此。

徐州琴书风格特征有如下几个方面。

一是南北方表演特色相融合。徐州琴书以徐州方言演唱，结合徐州本土特色，吸收北方粗犷豪放的语言特色，形成情感较为丰富的表演形式。

二是灵活简便，词曲通俗。徐州琴书主要是琴书唱曲，通过演员以带有表演动作的说唱来展现故事情节，模拟人物、介绍环境、渲染气氛，一般以叙述为主，以代言为辅，具有一人多角的特点。

三是曲调丰富，结构多样。徐州琴书的音乐结构包含“起板”“慢四板”“过板”“花四板”等，唱腔曲牌有“莲花落”“银纽丝”等，可见，其音乐结构较为多样。

徐州琴书的代表剧目如表 6－4 所示。

**表 6－4　　徐州琴书代表剧目**

| | |
|---|---|
| 《王天宝下苏州》 | 《张廷秀赶考》 |
| 《吕洞宾戏牡丹》 | 《水漫金山》 |
| 《马前泼水》 | 《包公案》 |
| 《颠倒话》 | 《虞姬赋》 |
| 《刘二姐算卦》 | 《江姐上船》 |
| 《追驴》 | 《杨家将》 |
| 《江宁府》 | 《月唐》 |

## 第二节　中国戏曲的艺术特征分析

### 一　中国戏曲简介

中国戏曲，与古希腊悲喜剧以及印度梵剧并称为世界三大古老戏剧文化，可见中国戏曲在国际上具有极高的文化地位。经过多年发展，2021年4月29日，中华人民共和国教育部经研究，决定成立教育部中国戏曲教育指导委员会。

**（一）中国戏曲的渊源**

“中国戏曲的历史源远流长，博大精深，古往今来一直是上至公伯王侯，下至市井百姓不可缺少的精神食粮。”① 谈及戏曲的起源，则要从上古时期开始说起。

在原始社会末期，生产力水平较低，当时人们希望通过祭祀、歌舞等活动获得神的庇佑，人们便在不断实践中产生了一种原始歌舞。这些原始歌舞均可以在原始壁画中找到佐证。例如，云南沧源新石器时代至青铜时代岩画就有古人的歌舞情景。

另外，我国先秦时期的典籍对于原始人类的歌舞也有所记载，虽然有些内容具有神话的痕迹，但是也从侧面表现了这种歌舞形式已经存在。例如，《山海经·海内经》云：“帝俊有子八人，是始为歌舞。”②《吕氏春秋·古乐篇》也有：“昔葛天氏之乐，三人操牛尾，投足以歌八阕：一曰载民，二曰玄鸟，三曰遂草木，四曰奋五谷，五曰敬天常，六曰建帝功，七曰依地德，八曰总禽兽之极。”③

可以看出，葛天氏之舞蹈的主旨在于祈求平安，具有明显的巫术性质，与当代戏曲娱人的特点不同，但是其严整的结构，说唱与歌舞这种表现形式却与戏曲十分相似。

夏商时期，我国进入奴隶社会，生产力有了较大提升。原始社会时期的巫术、歌舞都有了明显的发展，舞蹈内容更加丰富，并且出于统治阶层的要求，舞蹈具有了更多娱人的性质。

春秋战国时期，“民间的祭祀性歌舞十分盛行，其世俗化的趋势

---

① 李红梅：《中国戏曲理论与表演艺术实践研究》，湖南师范大学出版社2018年版，第1页。

② 方韬校注：《山海经》，中华书局2011年版，第56页。

③（战国）吕不韦：《吕氏春秋》，臧宪柱译，北京联合出版公司2015年版，第79页。

更为明显”[①]。可见，这一时期我国曾经的祭祀性歌舞已经有所转变。虽然也有一些祭祀歌词的创作，如屈原的《九歌》11 篇，但是其中已经蕴含着许多关于儿女情长的故事，这表明古人已经把歌舞与天的联系逐渐转移到歌舞与人的联系上。同时，这一时期还出现大量的乐舞、百戏、说唱，这些内容都成为后世形成体系完善的戏曲的重要组成部分。所以，春秋战国时期被视为中国戏曲从萌芽到已具雏形的重要转折点。

**（二）中国戏曲的发展**

经过春秋战国时期社会文化的大繁荣之后，我国进入秦汉时期。在汉朝初年，文景二帝为了缓和阶级矛盾，遵行黄老之学，采取休养生息的政策，对于社会各领域的管理较为宽松，民间则发展出了更多的乐舞形式。例如，角抵戏、歌舞百戏（包括杂技等）等。另外，汉朝还专门设立了管理乐舞演唱与教育的机构——乐府，汉乐府成立于公元前 112 年，成立之后，乐府广泛收集民间各种诗歌唱本，并对其进行修订，开创了诗歌现实主义的新风尚。

魏晋南北朝时期，随着少数民族大量进入中原，中国社会开始呈现一种前所未有的民族交融的局面。在大量文化的碰撞、激荡、融合之中，中国戏曲也取得了进一步的发展。魏晋南北朝的 300 多年间，歌舞相兼的小戏成为一个突出的品类，从百戏中脱颖而出，它继承了乐本位的基本特质，与滑稽戏同为当时两个最大的戏曲类型。滑稽戏不断地吸收借鉴了角抵戏的养分后，角抵戏就逐渐淡出了。

进入隋唐尤其是中唐开元时期，中国戏曲文化取得了前所未有的发展，这与唐玄宗不无关系。唐玄宗作为一代帝王，不仅具有一定的政治才能，还具有一定的文艺素养，尤擅音律。其经常亲自弹奏琵琶，有《霓裳羽衣曲》《小破阵乐》等传世名作。更重要的是，

① 李红梅：《中国戏曲理论与表演艺术实践研究》，湖南师范大学出版社 2018 年版，第 40 页。

唐玄宗为了发展戏曲文化，在皇宫里专门设立“梨园”，命人在“梨园”对具有一定音律天赋的人才进行集体培训，有时唐玄宗也会亲自“坐镇”，如遇差错则予以纠正。另外，相传唐玄宗时常于此地扮演小丑，以博得杨贵妃一笑，这便是后世戏曲中丑角的起源。

宋朝时期，曾经的宫廷音乐开始逐步融入民间，说唱音乐也得到了较大发展，“同时，在北方形成杂剧，南方形成南戏。它们分别继承了说唱音乐（主要是诸宫调）和民间歌舞的艺术成就”[①]。值得注意的是，宋朝的词曲艺术取得了重大突破，出现了大量的曲牌作品，如《卜算子》《渔家傲》等。此外，宋朝还出现了许多固定的艺术表演场所，如勾栏、瓦子等，这给热爱戏曲的平民百姓更多接触戏曲的机会，也给戏曲更多的发展空间。

元朝是戏曲的成熟时期，著名的元杂剧形成便始于此时。元杂剧包含了现代戏曲的诸多特点，这意味着中国戏曲开始进入成熟阶段。例如，关汉卿的《窦娥冤》、马致远的《汉宫秋》均为这一时期杂剧艺术的重要代表作。

明清之际为我国戏曲文化的繁荣期。在明朝，传奇开始发展，它结合了杂剧的部分元素，融合南方地区的曲调，在创新后形成了新兴的艺术形式。明朝中期，传奇作品如雨后春笋般不断涌现，传奇剧作家也为数较多，最具代表性的莫过于汤显祖。

汤显祖为中国明代著名戏曲家，具有极高的戏曲造诣，其代表作品有《牡丹亭》《邯郸记》《南柯记》《紫钗记》等，其极大地促进了明朝戏曲艺术的发展。明清传奇包罗万象，形成了各种声腔，其中影响最为深远的两种声腔分别为昆山腔与弋阳腔，对近现代戏曲发展具

① 李红梅：《中国戏曲理论与表演艺术实践研究》，湖南师范大学出版社 2018 年版，第 41 页。

有极大的促进作用。

进入20世纪，在新文化运动的影响之下，我国产生了一大批致力于传播传统文化的优秀艺术家，如汪笑侬、潘月樵、夏月珊等，他们为后世的戏曲发展与改良提供了一定的借鉴。中华人民共和国成立之后，在党中央对于文化领域大力扶持之下，传统戏曲文化取得了进一步发展，涌现出诸多优秀剧目。例如，京剧《将相和》、评剧《秦香莲》、越剧《梁山伯与祝英台》、昆剧《十五贯》等。如今，戏曲已经成为中国的“国际名片”，其丰富的文化内涵与艺术底蕴时刻向世界彰显着中国这一文化古国的形象。

**（三）中国戏曲的种类**

目前，我国戏曲种类繁多，异彩纷呈，主要的剧种如表6－5所示。

**表6－5　中国戏曲种类**

| | | |
|---|---|---|
| 京剧 | 评剧 | 晋剧 |
| 豫剧 | 曲剧 | 越剧 |
| 川剧 | 吕剧 | 沪剧 |
| 粤剧 | 汉剧 | 昆曲 |
| 秦腔 | 淮剧 | 湘剧 |
| 潮剧 | 闽剧 | 祁剧 |
| 徽剧 | 绍剧 | 高腔 |
| 桂剧 | 彩调 | 壮剧 |
| 黔剧 | 滇剧 | 傣剧 |
| 藏剧 | 赣剧 | 婺剧 |
| 蒲剧 | 黄梅戏 | 越调 |
| 雁剧 | 花鼓戏 | 皮影戏 |
| 莆仙戏 | 湖南花鼓 | 河北梆子 |

中国戏曲内容极为丰富，不同流派在行当、表现、唱腔上均各具特色、独领风骚。

在以上众多的剧种之中，最具代表性的为“五大戏曲剧种”，分别为京剧、越剧、黄梅戏、评剧、豫剧。

1. 京剧

京剧，又名评剧、京戏，是中国众多戏曲种类中最具代表性的一个剧种，被誉为“国粹”“国剧”。京剧起源于公元 18 世纪末期，其不仅吸收结合了昆曲与秦腔的部分表演方法、剧目，还融合了一些独具特色的地方曲调。京剧的唱腔属于板式变化体，以二黄与西皮为主要声腔，以历史典故为主要表演内容。我国著名京剧演员有程长庚、谭鑫培、余叔岩、梅兰芳、程砚秋、荀慧生等。

京剧的代表剧目如表 6－6 所示。

**表 6－6　京剧代表剧目**

| | | |
|---|---|---|
| 《宇宙锋》 | 《玉堂春》 | 《长坂坡》 |
| 《群英会》 | 《打渔杀家》 | 《五人义》 |
| 《挑滑车》 | 《打金枝》 | 《拾玉镯》 |
| 《三击掌》 | 《四进士》 | 《六月雪》 |
| 《秦香莲》 | 《打严嵩》 | 《金玉奴》 |
| 《樊江关》 | 《野猪林》 | 《八大锤》 |

2. 越剧

越剧，为中国第二大戏曲剧种，被誉为“第二国剧”，是除京剧之外传播最广、影响最大的戏曲种类。越剧发源于浙江嵊州，经过多年发展，吸收昆曲、话剧、绍剧的精华，自成一派，形成了表演真切、唯美典雅的戏曲艺术表现形式。

越剧的内容一般围绕“才子佳人”“儿女情长”等，表演方式以唱为主，音色婉转优美，由于吸收了大量昆曲的元素，其具有浓郁的江南水乡特色。

如今，越剧已发展出多种流派，为学界所公认的流派已有十三支，一般传播于当今江浙一带，在京津地区也有所涉及。包括雪芬派、范瑞娟派、尹桂芳派、傅全香派、徐玉兰派、戚雅仙派、王文娟派、陆锦花派、毕春芳派、张云霞派、吕瑞英派、金采风派、张桂凤派。

3. 黄梅戏

黄梅戏，起源于湖北省黄梅县一带。曾经湖北黄梅地区盛产茶叶，人们在采茶之中，为了丰富生活，逐渐发展出了一种采茶山歌，称为采茶戏。采茶戏经过多年发展，在安徽地区流行起来，后又逐渐流行于全国各地。20 世纪中叶，采茶戏被定名为黄梅戏，自此黄梅戏正式创立。黄梅戏是从山间、农村走向城市、走向社会的曲调，其唱腔包含了较为丰富的民歌特色与山歌特色，之后又大量吸收青阳腔、徽调、京剧等元素，形成了自己的艺术特点。

黄梅戏的服装以唐宋时期的传统服饰为主，服饰总体较为清丽、淡雅，却并不单调，相比于较为浮夸、艳丽的京剧服饰，黄梅戏多了几分清秀与自然。黄梅戏的妆容注重神韵，不一定浓墨描绘，但是要有神韵，有时只需简单几笔，便能够勾画出角色的清俊之感。

黄梅戏的主要作品包括《天仙配》《牛郎织女》《槐荫记》《女驸马》《孟丽君》《夫妻观灯》《打猪草》《柳树井》《蓝桥会》《路遇》《王小六打豆腐》《小辞店》《玉堂春》等。著名演员有严凤英、王少舫、张云风、潘璟琍、黄宗毅、黄新德、马兰、陈小芳、张辉、吴琼、杨俊、吴亚玲、袁玫、韩再芬、周莉、李萍、汪菱花、汪静、李文、赵媛媛、孙娟、余顺、周源源、周珊等。

经过多年发展，黄梅戏在 21 世纪受到有关部门的重视。2006 年 5 月 20 日，黄梅戏经国务院批准列入第一批国家级非物质文化遗产名录。2011 年 6 月 9 日安徽省黄梅戏剧团申报的黄梅戏经批准列入第三批国家级非物质文化遗产代表性项目名录扩展项目名录。2021 年 5 月 24 日，湖北省申报的黄梅戏经国务院批准列入国家级非物质文化遗产代表性项目名录扩展项目名录。

4. 评剧

评剧，是广泛流传于我国北方的戏曲剧种，起源于清朝末年，最初流行于河北地区的农村，后来由于颇受欢迎，时常引得其他地区民众前来观赏，便逐渐发展流行至其他地区。在20世纪，评剧进入唐山地区，被人们称为“唐山落子”，后又流行于东北地区。

评剧的代表剧目有《九尾狐》《锔碗丁》《苦菜花》《会计姑娘》《空谷兰》《老妈开嗙》《刘伶醉酒》《吕布与貂蝉》等。

5. 豫剧

豫剧，发源于我国河南一带，在河南梆子的基础上加以丰富与发展而成。豫剧最大的特点在于唱腔铿锵有力、吐字清楚、生动活泼、气势恢宏，表达人物性格十分清晰准确，由于其音乐伴奏需要使用枣木梆子，所以又名为河南梆子。

豫剧虽然产生于河南地区，但是由于河南各地方言差异较大，东部方言接近山东，西部方言接近陕西，所以不同区域的演唱风格大相径庭。许多民间艺人为了区分不同区域豫剧风格，将西部地区的豫剧称为豫西调，将东部地区的豫剧称为豫东调。后来，豫东调又被细分为祥符调、沙河调。总之，豫剧植根于中原地区，具有昂奋勃发的宏大气魄，表演风格诙谐幽默，语言贴近生活，简单通俗，符合大众审美。豫剧的代表剧目有《春秋配》《三拂袖》《女贞花》《三上关》《龙凤令》《三哭殿》《打金枝》，以及现代改编戏《刘胡兰》《罗汉钱》《五姑娘》《美人尖》《焦裕禄》《香魂女》等。

## 二　中国戏曲艺术特征

中国戏曲的艺术特征主要体现在其行当与表演上。

### （一）戏曲行当

戏曲的行当主要包括生、旦、净、丑，而这四个主要行当之下又分别有更为细致的划分，如表6－7所示。

**表6－7　戏曲行当**

| 生行 | 旦行 | 净行 | 丑行 |
|---|---|---|---|
| 老生 | 正旦 | 大花脸 | 文丑 |
| 小生 | 花旦 | 二花脸 | 武丑 |
| 武生 | 武旦 | 武二花 | |
| | 老旦 | 油花脸 | |
| | 彩旦 | | |

可见，戏曲行当众多，不同的行当具有不同的要求。行当规范了表演者在表演时的角色定位，规定了其外形、动作、声音等一系列特征。例如，生行指男性人物，旦行为女性人物，净行（俗称花脸），其所扮演人物的性格气质可以体现于脸上，丑行为喜剧角色。

**（二）表演风格**

在表演上，中国戏曲内容丰富、兼容并蓄，以五大剧种为例，每一剧种都有其独特的风格特征。

1. 京剧的风格特征

（1）规范性。京剧产生于清朝中后期，经过长期发展，其具备了比较丰富的规范要求，具有一定的程式化的特点。京剧表演在任何环节，都要遵循特定的规范。例如，京剧中的许多动作都要按照既定的方式进行展现，包括关门、推窗、上马、登舟、上楼等。

（2）综合性。京剧之所以能够成为国剧，能够取得空前的发展，是因为它能够博采众长。起初，京剧并非如今的“面貌”，其主要构成为四大徽班。四大徽班进京后在原有唱腔与表演基础之上，结合了当时较为流行的昆曲与秦腔的部分内容，又吸收了一些其他的地方戏曲精华，才融合而成如今的京剧。例如，京剧的唱腔包含西皮与二黄，京剧的发声技巧更是多种多样，除了真假嗓之外，还有云遮月、脑后音、不搭调等多种发声技巧。所以，京剧具有极强的综合性、丰富性，其内涵丰富，表演体系完备。

（3）表意性。京剧演出时，舞台上的道具往往比较简单，一般只包含桌椅板凳等物品。观众在观看时，往往也不知道接下来的剧情应当如何发展。表演者会进行较多的虚拟化表演，模拟并非客观存在的物体，如骑马、坐轿等。

2. 越剧的风格特征

（1）随意性。对于绝大多数的剧种来讲，提前设置好的行当，是演员进行表演必须遵循的准则，任何演员所要表演的角色都要按照特定的行当进行归类。如果演员应当扮演老生，而表现出小生的声音与行为，则视为重大的演出失误。但是在越剧中，描述和表现人物并不仅仅局限于行当，演员需要先深刻理解人物的内在性格特征，在表演时让角色在脑子里活起来，而不是主要凭借行当的表演经验进行演出。

（2）创新性。越剧表演与其他剧种一样，也具有固定的程式，正如京剧一样，有其特定的程式化动作。不过，演员也可以根据不同人物的特点，更加自然地运用在剧情之中，适当作出改变。所以，越剧表演运用程式，但不是把现成的程式当作套用的手段，而是吸取程式包含的因素，根据不同特点用在剧情进展中。

（3）柔美性。越剧早期都是由女子进行表演，加之该剧种产生于江浙一带，大量吸收昆曲的精华，所以具有极强的细腻、婉约、柔美之感。虽然后来越剧不断发展，演员为男女合演，但是这种注重柔美、秀美的特点仍未改变。例如，《红楼梦》中的“黛玉葬花”，演员运用肢体语言，通过动作的节奏、幅度给人以较强的柔美意境感。

3. 黄梅戏的风格特征

（1）生活性。黄梅戏产生于民间，包含了大量民间戏曲元素与民歌元素，充满生活气息与民歌风味。其部分剧目展现人民群众对于统治者剥削与压迫的强烈反抗，部分剧目展现人民群众对于美好生活的无限向往与憧憬。同时，黄梅戏的语言多以安徽安庆地区的方言为基础，唱词朴实，乍一听比较“土气”，仔细倾听，也能够发现看似平平无奇的文字中所蕴含的韵律之美。

（2）偏离式曲体。黄梅戏的某些花腔小曲和主腔腔体，在终止时不是限制在意料中的主音上，而是突然改变方向，运动到其他音上结束，这种违背听觉期待的现象叫作偏离。例如，“观灯调”，明明是在羽音上绕来绕去，不断加强着羽调式的感觉，却突然在最后一个乐句的后半段径直奔向宫音结束；又如，“平词落板”，常常是大段的平词上下句肯定着主音，明确着调式，但一句落板就把唱腔挂在上主音上，给人一种“吊起来”的感觉，这种偏离确有一种独特的表现力。

4. 评剧的风格特征

（1）形式活泼自由。由于评剧形成于农村，其唱腔、风格、内容均具有十分浓郁的民间特色，所以其最大的特点在于表演形式比较活泼，能够真切反映农村百姓生活的真实面貌。

（2）现实性。评剧无论是内容、语言，还是表演方式，均十分贴合现实生活，能够较为真实地反映社会的面貌。

5. 豫剧的风格特征

（1）唱腔丰富。豫剧产生于河南平原地区，河南地区农民居多，劳动人民最显著的性格特征便是踏实、肯干、勤劳、质朴。所以，豫剧的唱腔成为河南农民性格的反映。豫剧唱腔质朴，包含情感，铿锵有力。同时，由于豫剧包含豫东调与豫西调，所以其唱腔也较为丰富，节奏鲜明强烈，时而气势恢宏，时而紧贴生活。

（2）诙谐幽默。豫剧曲调比较欢快，能够在反映现实生活的同时，增加几分幽默的气息，营造诙谐的氛围。这种诙谐幽默的风格，进一步扩大了豫剧的受众群体。

## 第三节　中国曲艺与戏曲在海外的传播与影响

### 一　中国戏曲的早期海外传播

中国戏曲历史悠久，早在先秦时期就已经萌芽，当时的戏曲并不像如今的戏曲一样体系完整、风格特征明确，而只是具有戏曲的发展倾向。随着时代发展，尤其是到了元朝时期，我国的文化再一次进入大发展期，元朝统治者为少数民族，自身缺乏一脉相承的文化，需要从中华传统文化中汲取营养，所以极为重视文化发展。

于是，元曲艺术开始蓬勃发展，而这时出现的大量戏曲文本逐渐传往海外。这一时期的口头传播虽然很少，但有少数大的剧种也开始传播，包括常见的粤剧、闽剧等。

据记载，我国最早传往海外的戏曲作品为《赵氏孤儿》，18 世纪的法国人约瑟夫·普雷马雷认为《赵氏孤儿》为中国戏曲艺术当时的巅峰之作，于是经过一番努力，将《赵氏孤儿》翻译成为法译本。该戏本进入欧洲之后，引起了轰动，除了欧洲大陆国家之外，英国、意大利也分别对其进行翻译。此后多年，我国一直陆陆续续有各种戏本传入海外。

进入明朝时期，由于世界各国航运业取得了重大发展，西方地理大发现拉近了各国之间的联系，中国的郑和七下西洋也开拓了国人的眼界。

据记载，明朝万历年间，中国的戏曲已经开始远渡重洋，进入其他国家演出。“明人姚旅《露书》卷九记载，福建的戏曲艺人曾在万历年间到琉球国王宫演出过《姜诗》《王祥》《荆钗记》等。东南沿海一带的流传到了东南亚，如潮剧、粤剧、歌仔戏、琼剧等。”① 同时，明朝还有大批戏曲文本传到海外，包括《水浒传》《五伦全备记》

① 于建刚：《京剧传播研究》，文化艺术出版社 2018 年版，第 109 页。

《四节记》《没奈何》《葫芦先生》《琴心雅调》等。在这种发展趋势下，东南亚等国也受到我国戏曲文化影响颇深。例如，泰国不仅吸收了潮剧文化，还对其进行了大力发展与弘扬，如今泰国也被称为潮剧的“第二故乡”。而粤剧则在新加坡取得了较好的发展。

清朝前中期，我国戏曲的海外演出明显增多，康熙年间福建戏班曾出访泰国、法国等地，更有移民曾在遥远的南美地区演出。进入19世纪，又有一些元杂剧被创作出来，包括《老生儿》《灰阑记》等作品，都被传入了西方社会。“根据王丽娜等专家的统计，中国古代戏曲被翻译介绍到海外的作品，包括全译、选译，将近五十种，有《西厢记》《汉宫秋》《牡丹亭》《长生殿》等。”[①] 综上可知，我国戏曲的海外传播自元朝之后便已经开始，早期向外传播的戏剧剧种以粤剧、潮剧等为主，这主要由于我国的福建、广东一带濒临海域，出海交通发达，这给戏曲的海外传播提供了较大的便利。

## 二　潮剧与粤剧早期的海外传播

### （一）潮剧

潮剧的海外传播起始于17世纪后期，即清朝康熙雍正年间，这时我国刚刚收复台湾，南部疆域比此前更为辽阔，也更为安全，海外贸易与通商活动较为频繁，这时出现了海外移民的大规模热潮。于是，许多潮汕一带的居民迁入东南亚等国。

19世纪，这种移民浪潮继续发展，越来越多国人带着本土的特色文化进入异国他乡。在移民的人群中，有大量的潮剧文化传承者，他们在其他国家广泛开展潮剧表演，受到热烈欢迎，产生了深远影响。进入20世纪，南洋曾出现大量潮剧班共同表演的盛况，当时的泰国、新加坡等地都出现了大规模的潮剧热，许多海外友人开始学习潮剧，

① 于建刚：《京剧传播研究》，文化艺术出版社2018年版，第108—109页。

他们也在一定程度上起到了传播潮剧文化的作用。

**（二）粤剧**

粤剧大规模海外传播肇始于19世纪中后期，这时我国处于清政府统治之下，国力衰微，由于战争等原因，与海外的交流逐渐增多。在这种趋势下，公元1852年美国三藩市出现了第一家粤剧戏院，有许多粤剧戏班前去演出，受到一致好评。公元1857年新加坡成立梨园堂，专门管理戏曲相关的各项事宜。公元1870年，有一个由八名成员组成的剧团，以及一个由100多人构成的黄龙剧团到加拿大演出，也取得强烈反响。“著名粤剧艺人李雪芳、靓荣、金山炳、周瑜利、马师曾、白驹荣、廖侠怀等人，都曾扬名美洲粤剧舞台。”[①] 20世纪末期，新加坡又建立了多所戏院，用来进行戏曲演出。

## 三　中国戏曲的现代海外传播

进入20世纪，科学技术有了进一步提升，曾经对于各国而言较远的距离已经不再遥远，国与国的交流也逐渐增多，越来越多的国家开始关注中国的戏曲文化。

**（一）欧洲**

20世纪，来华访华的欧洲人越来越多，一些欧洲人认为，中国的戏曲与西方的戏剧具有较大的差异，具有东方的魅力，于是对戏曲文化产生了浓厚的兴趣。有些西方的戏剧学家开始尝试把中国的戏曲元素融入西方的戏剧作品之中。例如，路易士·拉罗曾在法国出演《汉宫怨》，美国人乔治与哈里合写了《黄马褂》，并产生了强烈反响，曾于欧洲多国巡回演出，这对中国戏曲起到了较大的宣传和推广作用。还有许多来华的留学生也对中国戏曲很感兴趣，他们本身已经在中国生活了一段时间，比海外人士能够更真切地感受戏曲中所要表达的情

① 林一、马萱：《中国戏曲的跨文化传播》，中国传媒大学出版社2009年版，第12页。

感内容，其中有些学生还把在中国了解到和学习到的戏曲文化带回了欧洲。

中国的戏剧大师也时常出访海外，中国著名京剧大师程砚秋曾专程前往欧洲进行考察工作。在欧洲考察时，程砚秋不辞辛苦，在各地走访研究，搜集了欧洲社会的大量资料，把许多重要图片和记录作为之后戏曲表演的素材，以促进中国戏曲在欧洲社会的传播。1933 年，程砚秋完成了《赴欧考察戏曲音乐报告书》。梅兰芳也曾于 1935 年前往苏联进行艺术交流，苏联为此特地成立了接待团队，成员包括著名戏剧家斯坦尼拉夫斯基等人，中苏双方就艺术的未来发展等事宜进行了比较详细的交流。之后，梅兰芳为苏联上演了精心准备的《打渔杀家》《宇宙锋》《刺虎》《思凡》《抗金兵》等多部剧目，一时间，引起苏联社会的轰动。在此之后，中国戏曲在欧洲的影响更大，越来越多的欧洲国家开始与中国展开戏曲文化方面的交流与探讨。

**（二）亚洲**

中国戏曲文化在亚洲的传播以日本为主，日本虽然也有其自身的戏曲文化，但是并未形成众多的流派，也并未在世界上引起强烈的反响，所以日本一直希望从中国戏曲文化中吸取有利于自身发展的“养分”。

1924 年，东京帝国剧场经理大仓喜八郎盛情邀约梅兰芳，希望梅兰芳能够前往日本进行戏曲演唱，并进行中日戏曲文化交流，该活动意味着中日近现代戏曲交流拉开帷幕。此后，中日之间的戏曲文化交流活动逐渐增多。例如，黄玉麟和小杨月楼等人也曾前往日本演出，演出剧目为《春香闹学》《武家坡》等。

1926 年，我国又有大量戏曲演员东渡日本，于日本多地进行巡回演出，演出剧目包括《花木兰》《芸娘》《麻风女》《李十娘》等。两年后，中国昆曲团前往日本，在东京进行了多场演出，以其婉约细腻的唱腔，清新靓丽的服饰深深打动日本观众的心。当时日本在座的诸多文艺界人士为中国昆曲的高雅表现形式深深折服，这进一步加深了两国的戏曲交流。

在“戏曲热”的影响之下，日本也有越来越多的学者开始从学术层面研究中国戏曲文化。例如，久保得二撰有《西厢记研究》《中国戏曲研究》，对我国《西厢记》的内容、结构、文辞等诸多因素进行了较为全面的分析。又如，宫原民平撰有《中国小说戏曲史概说》，对中国戏曲的起源、发展脉络进行了论述。

### （三）澳大利亚

中国戏曲在澳大利亚的传播较之欧洲与亚洲略晚，这包含深刻的历史原因与政治原因。在20世纪初，澳大利亚曾发布《移民限制条例》，严格限制海外移民活动，不允许来自我国的居民迁入澳大利亚。而已经在澳大利亚定居的华人，为了融入澳大利亚生活，也只能学习西方文化，所以，很长一段时间内，澳大利亚并未出现戏曲文化的传播。

不过20世纪中期这种情况发生了转变，此时澳大利亚的管控措施相对宽松，允许海外移民，也允许居民进行各种文化活动。于是，一些中国戏曲爱好者，自发结合到一起，并一起在墨尔本组建了第一个粤剧社团。社团成立之后，许多华人表演艺术家在澳大利亚开始了广泛演出，对接触戏曲文化的澳大利亚人影响颇深。自此之后，中国戏曲在澳大利亚演出活动越来越多。例如，1962年，粤剧《胡不归》在墨尔本上演，吸引大量对戏曲文化感兴趣的澳大利亚人前来观看。

## 四　中国戏曲的当代海外传播

20世纪末至21世纪初，中国戏曲文化的海外传播进入了新的历史阶段。这一时期国与国之间交流与访问比之前更为频繁，中国已经以崭新的面貌出现在世界舞台。

### （一）欧洲

#### 1. 英国

1979年，中国上海京剧团前往英国、德国、卢森堡、比利时等国进行演出，开启了改革开放之后中国戏曲海外传播的“新征程”。2003 年，南京艺术团演出主要剧目包括《拾玉镯》《挡马》《三岔口》《天女散花》等。虽然欧洲也曾有过戏曲演出，但是此时的戏曲融入了一些新的元素，令英国观众耳目一新，产生了极为惊艳的效果。2005 年，于魁智、李胜素、杨赤等人组成京剧演出团，于英国多座城市演出，给英国观众展现了多场原汁原味中国风的戏曲盛宴。

2. 法国

改革开放以来，中法两国在各领域的交流都呈现一种良好的发展态势，一方面，中国许多戏曲机构与法国的高校达成合作，并在法国高校内宣传中国戏曲文化；另一方面，法国也派代表团来中国，进行戏曲文化方面的交流。2003 年，我国每年都会派戏曲表演团前往巴黎，为法国人民奉上一出出精彩的戏曲表演。2005 年，中国戏曲代表团又在巴黎上演了《霸王别姬》《白龙关》《活捉三郎》等经典剧目。

3. 欧洲其他国家

20 世纪 80 年代和 90 年代，上海京剧院曾前往欧洲部分国家演出。进入 21 世纪，上海戏曲团体多次前往欧洲演出。例如，2006 年，上海越剧院赴德国演出。2007 年，苏州昆剧院的《长生殿》在比利时开演。同年 6 月，昆曲《1699 · 桃花扇》在瑞士开演，瑞士当地的项目总监在观看完演出之后倍感震惊，他表示，从未见过如此惊艳绝伦的戏曲演出。总之，进入 21 世纪之后，中国戏曲在欧洲的传播范围越来越广，可以说，中国戏曲进入了发展的新纪元。

**（二）亚洲**

20 世纪 80 年代之后，中国文化海外传播不断升温，在日本，许多中国的民乐文化、戏曲文化都受到了广泛关注与欢迎。

之所以日本会出现戏曲热潮，是因为日本的津田忠彦先生。津田忠彦先生从事中国戏曲文化研究已久。他热衷中国戏曲，大力推行戏曲文化，凭借着对于戏曲的热忱，将中国传统文化引到日本，有效促进了中国文化的海外传播。

日本仅以首都东京为例，其中国京剧迷都不下万人，在这些人中，有40岁以上的中年人，也有20岁左右的年轻人，一些人是“逢戏必到”，会定期买票去看戏。甚至有些人还会不远万里，特地乘坐飞机到中国观看戏曲演出，学习京剧文化。多年来，津田忠彦曾来访中国百余次，跑遍了中国的各大剧院，与各机构进行广泛交流，学习戏曲文化，并邀请我国优秀戏曲表演团体赴日演出。

在津田忠彦的努力下，1989年中国京剧表演者与日本歌舞伎同台演出，共同出演大型神话主题剧《龙王》。《龙王》取材于中国传统神话与《封神演义》，主要故事就是中国人所熟知的哪吒闹海，不过加入了日本的部分元素，丰富了故事情节，产生了强烈反响。

1992年，为了庆祝中日邦交正常化二十周年，陕西戏曲研究院秦腔团赴日演出，在日本多城市出演《千古一帝》。《千古一帝》的主要内容围绕秦始皇展开，讲述秦始皇修建陵墓等一系列历史故事。当时日本观看该演出的群众多达五六万，通过电视居家观看的人数则多达600万，使日本群众对于中国戏曲有了极大的改观，越来越多的日本人开始对中国戏曲产生兴趣。当时日本神奈川大学的吉川良和先生还特地为该演出写了一篇剧评，给予《千古一帝》极高的评价。

进入21世纪，北方昆曲剧院受邀赴日演出《贵妃东渡》，该演出极大促进了昆曲在日本的传播。在此之前，日本观众只知道中国有京剧，却并不了解昆曲。2008年，日本演员坂东玉三郎与中国苏州昆剧院在京都四条南座演出昆曲《牡丹亭》。在剧中，坂东玉三郎饰演杜丽娘，收获了国内外观看者的一致好评。

近年来，中国戏曲文化在日本的传播仍未停歇。例如，2015年12月，京戏曲评论协会和日本驻华大使馆共同举办的中日传统戏剧交流会在京举行。日本能乐传承人梅若女士，中国北方昆曲剧院国家一级演员顾卫英，北京京剧院国家一级演员杨少彭、郑潇等名角聚集一堂，为与会者表演了能乐、昆曲、京剧的精彩名段。

2015 年 1 月 8 日晚 18 时，韩国敬仁女子学院和沈阳师范大学戏剧艺术学院，在“星河剧场”进行了文化交流联袂演出。尽管室外天寒地冻，但仍阻挡不了人们前往观看的热情。在演出时，沈阳师范大学戏剧艺术学院民族音乐系教师熊樱侨在京胡演奏中娴熟的演奏技法和优雅的曲风，引发现场阵阵掌声。

总之，中国戏曲海外传播是中国与其他国家进行交流，以及展现中国文化魅力的重要途径，回顾我国的戏曲传播历程，对于指导今后的戏曲文化传播也具有一定借鉴意义。

## 五 中国曲艺文化的海外传播

谈及中国曲艺文化，最具代表性的莫过于相声、小品、评书等，由于曲艺文化发展于明清时期，同时曲艺节目也有难以逾越的语言障碍，小品、相声、评书、琴书、道情等表演都有极多的语言表达内容，海外友人在不了解汉语，不了解中国文化的情况下，难以理解其中精妙。

也基于此，中国曲艺文化的海外传播比较晚。20 世纪，曲艺文化仅有极少数“走出国门”流传海外。后来，伴随我国在世界上影响力逐步提高，越来越多的海外友人开始关注中国文化，在一些海外学者中也兴起了“汉学热”。到了 20 世纪末期，我国部分曲艺的海外传播才逐步展开。

我国曲艺文化的海外传播，无论深度还是广度都不如戏曲文化，但是其同样代表了中国的形象，充满传统文化的内涵，值得人们的广泛关注与推广。

相声于 20 世纪末开始走向海外，致力于相声海外传播的艺人则不得不提及马季。马季是相声海外演出的“带头人”，其不仅进行各种演出，还在海外开办训练营、训练班，自训练班开设之日起，中国相声文化就在海外产生了较大的影响。马季训练营一开，就几个人、十几个人、几十个人，有时上百人一块儿学。不光有年龄小的学生，也有五六十岁的学生，大家集中上课。参加听课的人大部分是海外华人，这对他们的娱乐、华语、社交都有益处，他们积极性很高。马季以相声这一传统的艺术形式为纽带，把海外华人紧紧地联系在一起，既增强了中华民族的凝聚力、自豪感，也弘扬了中国传统文化，提升了文化自觉与文化自信。这种历史使命感就是一种大写的爱国情怀、民族情怀。说到底，不是相声的独特表现形式成就了相声工作者，而是所有相声工作者的辛苦努力与坚持，最终造就了相声的广泛普及、繁荣与辉煌。

近年来，中国曲艺的海外传播进入了新的阶段，海外交流展演活动逐步地品牌化、系列化。例如，2010 年首届“巴黎中国曲艺节”成功举办，至今已在塞纳河畔连续开展十余届。同样，2013 年起，德国“中国曲艺周”展演活动也已在法兰克福、杜塞尔多夫、柏林、慕尼黑等地成功举办多届。

如今在文化强国战略的大背景之下，传统曲艺文化的海外传播迎来新的契机，同时愈发繁荣的经济条件为曲艺的传播奠定了坚实基础。基于此，曲艺传播已取得如下成果：优秀的曲艺作品层出不穷，在互联网技术的支持下，迈向更快更好的发展。此外，在文化商业的角度来讲，全球化的经济形势下，中国文化在世界上的接受程度不断提高，我国的文化市场已凝聚成为新兴的发展潮流。

立足现在，面向未来。曲艺文化海外传播应从如下途径进行改变。第一，提升翻译数量，注重翻译质量；第二，对传统曲艺进行革新，与信息技术建立密切联系；第三，充实曲艺内容，将传统文化所涉及诸多领域的元素融入传统曲艺，促进曲艺文化的传播平台愈发宽广。

# 第七章 “增强文化自觉，坚定文化自信”

## ——中国文化的传播途径

## 第一节 从文化自觉到文化自信

### 一 文化自觉与文化自信

近年来，文化领域的发展受到党中央的重视，不仅我国如此，海外各国也纷纷大力发掘本国的文化元素，希望能够保护好本国的文化精华。

进入社会主义发展新阶段，以习近平同志为核心的领导集体站在历史的新高度，深刻分析当今国际形势，并指出：“文化自信，是更基础、更广泛、更深厚的自信。在5000多年文明发展中孕育的中华优秀传统文化，在党和人民伟大斗争中孕育的革命文化和社会主义先进文化，积淀着中华民族最深层的精神追求，代表着中华民族独特的精神标识。”[①] 可见，文化自信对于传统文化的保护、传承、传播工作具有极为重要的推动作用，相当于传统文化传播的“助推剂”。所以，身为中国人，必须要从自我做起，树立文化自信，为传播传统文化贡献一份自己的力量。在谈这个问题之前，先要明确什么是文化自觉与

① 共产党员网：《习近平总书记在建党95周年庆祝大会上的讲话》（2016-07-01）[2023-04-06]，http：//news.12371.cn/2016/07/01/VIDE/1467350701120172.shtml。

文化自信?

**（一）文化自觉与文化自信的内涵**

1. 文化自觉

自觉，是个体理性化的自我发现，是对于某种事物或精神的追求。文化自觉是费孝通先生曾于1997年提出的一个概念，简单来讲，文化自觉指作为主体的人对于文化的自我觉醒，是一种内在的、理性的反思与审视。“文化自觉就是要对自身文化在地位认识上高度自觉、在规律把握上高度自觉、在责任担当上高度自觉。”①

通俗来讲，就是一个生活在既定文化圈子中的人，对于本民族文化的了解、认识、反省。这种自觉是正向的、积极的，而非逆向的、消极的。

通过树立文化自觉，应当能更加全面深刻地认知本民族文化，既要认识其长处，也要思考其短处，既要认清精华，也要分辨糟粕。以中华民族为例，在19世纪与20世纪之交，我国处于风起云涌之际，无数仁人志士为了开辟中华民族发展的新道路，不断作出各种努力，以康梁为代表的学者创造出“中体西用”的发展新方向，主张“中学为体、西学为用”，要在坚守本民族文化精华的基础上，大力吸收外来文化。如今，作为新时代青年，树立文化自觉，就应当通过广泛学习更加清晰地认识传统文化。总之，文化自觉是个体自发了解本民族文化的欲望与觉醒，同时在认知过程中需要时刻保持理性，全面辩证地看待本民族文化。

2. 文化自信

“党的十八大召开以来，习近平在多个重要会议上反复强调文化自信的重要性，并以这种方式将他的文化观和文化理念传递给全国人

① 杨宝国、杨梅玲：《关于文化自信的几个重要问题》，《马克思主义文化研究》2021年第1期。

民。2014年，中央政治局召开了第十三次学习会议，会上习近平再次强调要提高文化自信与价值观自信。"[①] 可见，文化自信在当代具有十分重要的意义，那么何为"文化自信"？

文化自信，通俗来讲是个体对于本民族文化的自信，始终相信文化的巨大价值，始终坚守对于保护文化与传承文化的初心。

具体来讲，"文化自信是主体对自身文化的认同、肯定和坚守。文化自信是一个国家、一个民族以及一个政党对自身文化价值的充分肯定和积极践行，并对其文化生命力所持有的坚定信念"[②]。从中可以看出，文化自信主要包含两个方面，一方面为"自我""自己"，每一个中国人都应当认清自己在社会中所处的位置，认清自己生长于传统文化的大环境中；另一方面为"自信"，每一个人除了明确自己与中国传统文化的关系之外，更要对传统文化具有强烈的信心。

文化自觉与文化自信具有不可分割的紧密联系，在一定程度上，文化自觉是文化自信的基础、前提、保障，而文化自信一定要建立在文化自觉之上，并且对于社会主义现代化建设具有举足轻重的意义。

可以说，无论是文化自觉，还是文化自信，都事关国运兴衰。"做到文化自信，关键是不忘本来、吸收外来、面向未来。"[③] 任何一位中国人，首先应做到的就是牢记本民族优秀文化，并在此基础上大力吸收其他文化的精华，以不断充实和创新传统文化体系。

**（二）文化自信的意义**

文化自信是作为主体的人，对于本民族、本国家文化的自信与坚守，只有看清并相信民族文化的闪光点与价值，才能够通过自己不断努力，以身作则，践行和实现理想，助力国家的繁荣与复兴。新时代

---

① 王萌：《习近平文化自信思想研究》，硕士学位论文，吉林大学，2017年，第6页。

② 杨宝国、杨梅玲：《关于文化自信的几个重要问题》，《马克思主义文化研究》2021年第1期。

③ 杨宝国、杨梅玲：《关于文化自信的几个重要问题》，《马克思主义文化研究》2021年第1期。

下，文化对于一个国家尤为重要。我国曾在历史上多次提出发展先进文化，打造文化强国的口号。树立文化自觉与文化自信，有利于打造文化强国，助力中华民族实现伟大复兴的中国梦，也是更好地传播中国传统文化的有力支持、有效路径。

习近平文化自信思想是习近平在历代领导人文化观基础上，结合当代中国的时代特性，深刻分析党面临的各种情况，而提出的全新理论指导，对于我国的现代化发展与建设，具有极为丰富的理论意义与实践意义。

1. 有利于丰富与发展马克思主义文化观

马克思主义是党治国理政所坚持的根本理论体系，历代领导人的治国思想均与马克思主义有莫大的联系。无论是毛泽东同志的实践论、矛盾论，邓小平同志要求认清中国国情，江泽民同志提出“三个代表”重要思想，还是胡锦涛同志的科学发展观，都基于马克思主义而形成。可见，马克思主义对于社会主义中国的建设具有极强的指导作用。

然而，马克思主义体系却并未对社会主义文化建设做过专门研究。在新时代，习近平站在新高度，利用马克思基本世界观与方法论，深入分析国家情况与世界格局，提出了系统化、科学化的文化自信理论，这不仅有利于社会主义中国的文化建设，更有利于丰富与发展马克思主义文化观。

2. 有利于丰富与发展党的理论内涵

从 1921 年中国共产党成立以来，每一代共产党人都走在时代前列，找准时代机遇，学习新思想、新理论，力图找到更适合中国的发展路线。在历代共产党人的努力之下，我国曾产生了十分丰富的理论体系与重要论述，这对于指导我国的建设发展具有重要的价值。

面对新的发展形势，我国要求把文化建设放在与经济建设、政治建设同等重要的位置。而此前党关于文化建设的思想虽已有“萌芽”，但是并未成为治国理政的重要战略方针。加强文化自信，有助于不断巩固党的执政地位，更有利于丰富与发展党在文化领域的各项理论。

3. 有利于弘扬和传播传统文化

传统文化是中华民族的“根”和“魂”，虽然传统文化起源甚早，但是其内容丰富、包罗万象，涉及社会生活各个领域。我国的传统文化主要包含传统思想文化、传统艺术文化、传统文学文化、传统饮食文化、传统服饰文化、传统体育文化等。需要注意的是，传统文化的诸多内容源于中国古代社会，有些方面与当代社会的发展现状已经形成了强烈的反差。

但是，传统文化承载着中华民族几千年发展历程的民族记忆，经过多年的发展，有些方面也随着时代而进步，其重要作用不容忽视。例如，“‘天下兴亡、匹夫有责’体现了中华民族勇于担负国家兴亡的爱国情怀，‘鞠躬尽瘁、死而后已’体现了中华民族敢于为国家付出一切的献身精神，‘先天下之忧而忧，后天下之乐而乐’体现了中华民族致力于民族发展、百姓安康的政治抱负，‘人生自古谁无死，留取丹心照汗青’体现了中华民族宁死不屈的民族气节等，这些都是中国精神的真实写照”①。在这些崇高精神的指引之下，无数中华儿女为了祖国而抛头颅洒热血，在近代社会，书写了可歌可泣的新篇章。最具代表性的便是在中国共产党的革命历程中所形成的革命精神，正是由于伟大的革命精神，中华民族才能在残酷的斗争形势下开辟一条新路，而走向如今的辉煌。

所以，弘扬与传播传统文化势在必行，并且要力图在继承原有文化的基础上，对传统文化进行创新与改造。更好地弘扬与传播传统文化，必须要加强文化自信。只有大力培养人们的文化自信，促使人们由内而外充实传统文化的自豪感，才能有效助推文化强国建设新征程。

① 王萌：《习近平文化自信思想研究》，硕士学位论文，吉林大学，2017 年，第 33 页。

4. 有利于实现中华民族伟大复兴中国梦

中国梦，是习近平所提出的重要指导思想，主要目标为实现中华民族的伟大复兴，实现国家富强、民族振兴、人民幸福。

2017 年 10 月 18 日，习近平同志在党的十九大报告中指出，实现中华民族伟大复兴是近代以来中华民族最伟大的梦想。中国共产党一经成立，就把实现共产主义作为党的最高理想和最终目标，义无反顾肩负起实现中华民族伟大复兴的历史使命，团结带领人民进行了艰苦卓绝的斗争，谱写了气吞山河的壮丽史诗。习近平指出，实现伟大梦想，必须进行伟大斗争，必须建设伟大工程，必须推进伟大事业。

值得注意的是，实现中华民族伟大复兴中国梦，必须要建立在中华文化的基础之上，必须要充分发挥文化的引导作用与教化作用，从而形成范围最广、作用最强的文化影响力，为中国梦的实现提供思想保障。所以，文化自信是中国梦的重要保障，对于中国梦的实现具有关键的意义。

## 二 培养文化自信，助力文化传播

文化自信对于我国当代社会的发展具有重要的意义，那么如何增强文化自信，以助力传统文化海外传播，则成为一个重要的论题。笔者认为，文化自信是一个比较宽泛、广义的词，它包含社会各领域的内容，所以打造和加强文化自信，也要从多个层面共同着手，个人、家庭、社会、政府等多方面需要共同作出努力。

### （一）个人层面

社会中的每一个公民，都是社会群体中的一员，按照辩证法的观点来看，每一个个体、每一个公民相当于部分，而社会群体相当于整体，部分与整体是一个有机的统一体。部分离不开整体，任何部分都要在整体之中，并且与其他部分相联系，而整体又是由部分所组成的，没有了部分的支撑，整体也将不复存在。

社会个体与社会群体的关系同样如此，社会的整体氛围与风气能够影响个体的价值倾向，而每一个个体也能够对社会、对国家起到反作用。如果每一个公民都具有相当程度的文化自觉与文化自信，致力于保护与传承中国文化，由内而外坚守中国文化，为中国文化而感到骄傲与自豪，那么将加大中国文化的传播力度。所以，个体增强自身对于民族的热爱，提升对于中国文化的认可度，对于我国整体自信力的构建尤为重要。

文化自信的形成，有赖于主体的自觉，当个人真正意识到中国文化的精髓之所在，自然便会从内在产生对于中国文化的高度认同感，并以自己是华夏儿女之中的一员而感到自豪、感到自信。

中华民族源远流长，历久弥新，上下五千年的历史与文化诉说着一段段辉煌的岁月。两千多年前，我国处于春秋战国时期，这时诸侯并起、战火纷飞、社会动荡、礼崩乐坏。然而，在这种分裂混乱的大环境中，却意外形成了“诸子百家、思想荟萃”的局面，此为中国传统思想文化最早的“繁荣期”，这一阶段奠定了我国几千年文化发展的基本路线。

经过多年发展，华夏文明从未间断，始终具有蓬勃的朝气，屹立于世界民族之林。无论是魏晋南北朝这样的乱世，还是强汉盛唐这样的治世，我国文化的“主基调”都从未改变或断绝，各种思想分别沿着各自的发展方向延续至今，并不断影响着海外各国。

如今，“一带一路”政策的实施，以及“人类命运共同体”的提出，无不彰显着我国思想文化的强大包容力，所谓海纳百川、有容乃大，只有当一个民族具有极为丰厚的文化底蕴时，才能够始终保持一个负责任大国形象，并以全人类的共同利益作为根本追求。

但是，一些人对传统文化认知不足，甚至出现了崇洋媚外的思想倾向，这与文化自信完全是背道而驰的。出现这种情况的原因在于，这些人对于中国文化了解不够充分，对于传统文化的认知停留在“古老、守旧、封闭”的层面。同时，西方文化大量渗透，使这些人对中国文化丧失信心。究其根本，主要原因是个体缺乏对于中国传统文化的重视。为了培养年轻一代的文化自信，培养其本身对于文化的重视，是最为根本、最为关键的方面。尤其是作为当代大学生，必须要在实践中践行，在实践中磨砺，培养民族意志，培养文化自信。

第一，应当努力承担传承中国文化的责任。“大学生是我国文化强国建设中的重要力量，义不容辞地应该肩负起传承中华文化的责任。大学生作为学生其首要职责是学习，在学习的过程中，结合自身实际情况，从细微处传承优秀传统文化。大学生可以通过对传统经典著作的研读和学习传承优秀文化；在生活中践行传统美德，推崇‘仁爱’、讲求‘谦敬礼让’、恪守诚信等等。”①

第二，应当努力吸收外来文化精华，并且“为己所用”。在历史上，无数仁人志士对待外来文化的态度曾经发生过多次转变，时而“全盘西化”，时而“唯我独尊”。时至今日，人们看待外来文化的观点已经更加科学，要“取其精华、去其糟粕”。“大学生应该以积极的态度对待外来文化，承认每种文化都有其可取之处，如若我们故步自封，对外来文化完全排斥，我国文化发展犹如一潭死水，失去活力。”② 对待外来文化，每一个个体都应当保持自己的理性，以中国文化为根本、为前提，理性分析外来文化，做到不盲从、不照抄。

**（二）家庭层面**

作为孩子的“第一位老师”，家长无疑对于孩子性格、认知的形成，具有至关重要的作用。孩子一出生，就会受到家长的各种影响。例如，孩子会模仿家长的各种行为，孩子会由于家长的某一句话或

① 郑玲：《大学生文化自信的培养研究》，硕士学位论文，成都理工大学，2015 年，第 48 页。

② 郑玲：《大学生文化自信的培养研究》，硕士学位论文，成都理工大学，2015 年，第 48 页。

某一个行为而产生较大的情绪波动，等等。所以，为了从小培养孩子的文化自信，家长应当努力打造注重文化、注重传承的家庭氛围。

家长应当以身作则，真正认清中国几千年历史文明的价值，并且要告知孩子中国传统文化悠久的历史。每一个中国人都应当热爱本民族的文化，并且坚信本民族的文化具有其他文化所不可替代的特殊性。例如，家长亲自向孩子展示中华文化，可以为孩子播放传统音乐，可以与孩子共同欣赏我国历史上曾出现的著名画作，也可以为孩子讲述历史名人故事与各种典故，让孩子在故事之中发现中国传统思想中所蕴含的深刻哲理。

另外，家长也可以结合身边曾发生的各种真实故事，向孩子讲解为人处世之道，传达正确的礼仪观、处世观等。或者自觉学习社会主义核心价值观，并运用这种正确的价值观念引导孩子，促进他们形成对于国家的强烈认同感与自豪感。以上这些都有利于孩子形成热爱祖国、热爱民族，并为自己身为中国人而自豪、而自信的心理素养。

### （三）社会层面

社会层面，包含学校教育与社会组织等方面。学校是教书育人的场所，不仅能够教授给学生各种各样的知识，同时也能教给他们做人的道理，培养他们树立正确的价值观念。而社会组织的含义较为广泛，包含各种学术团体等。

#### 1. 学校教育

“人与环境二者关系相互影响、相互作用，繁荣校园文化为大学生文化知识的习得创造了良好的前提，为大学生积极文化情感的产生创造条件，促进大学生文化意志的坚定。”① 所以，学校也应当对于文

① 郑玲：《大学生文化自信的培养研究》，硕士学位论文，成都理工大学，2015 年，第 41 页。

化教育引起重视，要认清学校的教育可以在很大程度上促进学生形成文化自信。

近些年，我国的教育模式已经发生了一定转变，学校开始意识到学生全面发展的重要性，并把“德才兼备”作为培养人才的更高目标。今后的教育应当进一步认清“文化教育是学校要做的头等要义”这一要求。身为中国人，必须要对自己的民族、国家充满热爱与自信。只有每一个人充满对于祖国与民族文化的信仰，才能够促进国家不断发展，促进中国文化更好地向海外传播。

在教育过程中，教师相当于“主力军”，他们与学生的联系最为密切。教师应当做好如下几点。

第一，提升个人文化素养，做好中国文化普及。教师应当多多关注中国文化的内容，以及当代中国文化的创新趋势，在课程中尽可能多地为学生讲解中国文化，使学生了解中华文明深厚的文化底蕴。同时，教师应当为传统课程增加一些中国文化的元素。例如，在历史课程中多普及一些中国古代思想家的内容，普及中国古代科技发明的相关知识，等等。通过以上教学方面的创新，能够有效提升学生对于中国文化的兴趣，并促进学生产生民族自豪感与民族自信。

第二，运用多媒体手段，改变传统教学方式。传统的教学方式一般为面授式，教师站在讲台上，运用肢体动作与语言为学生讲授内容。这种教学方式教学环节连贯，内容翔实，但是学生缺乏代入感，很难产生共鸣，难以从内心产生对于知识内容的兴趣。教师应当运用多媒体手段，进行教学方式创新转型。例如，为学生播放关于中国文化的视频，包括《国家宝藏》《国宝档案》等，学生在观影过程中，能够更加真切、生动体会到中国文化的魅力，并由之产生对于本民族文化的热爱与自信。

另外，相关部门应当对于培养文化自信这一重要事宜引起关注，要合理设置课程，注重对于中国文化的教育与引导：一方面，以大学为例，我国学校的课程设置往往以基础公共课与专业课程为主，文史哲方面的学生或许能够在学习过程中较多接触传统文化的内容，而理工农医等专业与传统文化接触较少，所以应当把国学课程纳入各专业必修课中，从而使中国文化精神深入学生心中；另一方面，改变思想课程结构，从前的思政课程与中国文化联系不够紧密，应当充分挖掘思政课程的文化内涵，结合传统文化内容，向大学生植入社会主义核心价值观，培养大学生对我国先进文化的情感认同，以培养文化自信。

2. 社会组织

（1）新媒体行业。新媒体行业要加大中国文化的宣传力度。当代社会已经进入信息时代，新媒体技术成为信息传播的主流渠道。培养文化自信，要从新媒体行业着手，大力进行各种中国传统文化的宣传。

应当运用新媒体手段结合互联网模式，为中华优秀文化的传播助力。例如，新媒体工作者可以结合自身专业，制作以中国文化为主题的短视频，包括“汉字文化的演变历程”“戏曲文化的精彩选段”“汉唐精美服饰展示”等。又如，依靠大数据分析与人工智能技术，重塑文化数字性表现形式。例如，某平台以京剧《贵妃醉酒》为主体定制魔法表情“京剧贵妃”，引起了较好的反响，在更加宽广的层面为京剧文化起到了宣传与弘扬的作用。

应当运用新媒体技术，对大量文化典籍进行数字化储存。曾经的古典文献以及研究古典文献所使用的各种工具书籍，一般为纸质。随着计算机技术不断发展，数字化、信息化的储存方式逐渐进入人们的视野，任何资料都可以转化为编码形式。这种方式一方面节省了大量的资源，另一方面也增强了文献保存的安全性，更有利于文化的保存与传播。另外，信息化储存也更有利于查找资料时进行文献检索，提高效率。

应当运用新媒体传播中国传统文化，将传统文化中比较艰深的内容与通俗的展现方式相结合，形成民众能够看懂、听懂的节目。例如，近几年比较流行的各种电视节目，包括《中国诗词大会》《上新了故宫》等。

（2）文化领域学术团体。文化相关领域专家学者要加深对中国文化的研究。学科深入研究是继续推进传统文化发展与传承的必要手段。

相关学者应当把对中国文化的发掘与研究作为学科发展的重要内容，事实上，任何学科都无法绕开中国文化。例如，服装学需要了解中国的服饰史，政治学需要了解中国的政治史，旅游学需要了解中国的旅游史，等等。相关学者要重视传统文化，对于传统文化的来龙去脉，各种问题充满强烈的好奇心，要持之以恒、深耕细作，更要不断提高自己的学术素养，要以扎实的功底作为学术研究的根基，从而在中国文化的研究过程中不断勇攀高峰。

相关学者在研究时，应当运用全面、辩证、发展的眼光看待问题，把中国文化的发展变化与中国社会的变迁，以及国际社会的变幻相结合，而不要孤立、片面地看待中国文化，否则只会使文化停留在古时，而无法为当代社会的发展与创新提供有效借鉴。

相关学者应当适当举办中国文化交流的讲座。举办讲座具有一定的积极意义，一方面，有利于传播中国文化，讲座的听众不仅限于学界人士，也包括一些社会人士，他们或者对于中国文化具有浓厚的兴趣，又或者希望通过某些渠道获取知识以提升自己，讲座则达到了有效传播文化的效果；另一方面，讲座有利于各专家学者互相交流，各抒己见，有利于中国文化的创新与发展。例如，2017 年 5 月 18 日，湖南交通职业技术学院邀请岳麓书院教授李兵讲授《儒家文化与个人修养》专题，产生了较好的反响。2019 年 10 月 24 日，厦门大学海洋与地球学院请张永宏老师举办了一场中华优秀传统文化讲座，宣传了中国文化中《周易》的相关内容。

**（四）政府层面**

文化部门应当做好宣传与把控工作。文化相关的管理部门对于中国传统文化的保护与宣传具有至关重要的作用，如果相关部门能够运用有效措施加强文化保护和管理，并适当加以利用，那么传统文化海外传播的范围将越来越大。

文化部门应当加强中国文物的保护工作，我国的各项文物均代表着长期的历史文化积淀，更是传统文化的重要载体。近些年来，有关部门对于文物的保护工作成效卓著，如安阳殷墟遗址保护、延安革命旧址保护、“四大石窟”修缮与保护等。今后，有关部门应当继续加强文物保护工作，处理好保护与发展的关系，致力于打造在保护中发展，在发展中保护的新模式。

文化部门应当拓展文物的海外交流合作，要适当加强我国与文化遗产国际组织的各项合作，增进彼此之间的联系。要努力构建更加稳定的多国协同“文物保护网”，并在适当的契机，将中国的文物向世界进行展示，全方位拓展文物对外的交流合作渠道，促进中国文化遗产的世界共享，彰显大国风采。

## 第二节 经济途径

——以中国制造为例

### 一 中国制造“迈上新台阶”

制造业，指按照市场需求，将各种资源转化为人们能够利用的各种产品的行业。制造业在很大程度上体现了一个国家的发展水平。由于产品中凝聚着不同设计者的创意，如果设计师、工程师均为中国人，产品必然会在不经意间体现出中国元素。所以，将制造业作为传播中国文化，扩大中国海外影响的重要途径与媒介，应当引起人们的关注。

#### （一）中国制造发展历程

从中华人民共和国成立之初至今，中国实现了从站起来到富起来，再到强起来的伟大历史飞跃。而作为国家支柱的制造业，更是取得了十分瞩目的辉煌成就。制造业在一穷二白的基础上起步，目前我国已成为世界最大的制造国和制成品出口国并在向制造强国大步迈进，这是人类经济发展史上的一个伟大奇迹。

1949 年，我国还是典型的农业大国，农业结构占比 84.5%，可见，历史上长期的农业经济模式一直延续下来。社会的工业化程度较低，工业基础则十分薄弱，占比仅为 15.5%。经过几年的发展，1952 年我国农业生产总值占比约 50%，相较于新中国成立之初有了一定的进步，仍然是以农业为主。

经过几十年的快速发展，20 世纪末我国已经“脱胎换骨”，成为仅次于美、日、德的世界第四大制造国。在 2000—2010 年的 10 年间，我国制造业保持迅猛发展势头，制造业在国民生产总值中的占比不断增加，2010 年我国赶超美国，成为世界第一制造大国。同时，我国制造业的发展也并非只体现在“量”的增加上，而在“质”的层面也有明显提高。据统计，2017 年科学研究与实验发展（R&D）强度达到 2.12%，超过英国、意大利等发达国家。进入 21 世纪的第二个十年，我国的制造业发展的步伐仍未停歇。工业是强国之本，而制造业则是中国文化的重要载体。我国提出的“中国制造 2025”，也提高了制造业在我国的地位。

**（二）中国制造与文化传播**

我国制造业的快速发展也为我国文化的海外传播指明了新的方向。

制造业所涉及的领域十分广泛，小到人们日常所使用的物品，如文具、电子设备、服饰，大到人们乘坐的各种交通设施，如高铁、飞机、汽车等，以上均为制造业的“产物”。

如今，中国的国际地位不断提高，越来越多的国家希望更多地了解中国，探寻中国文化，而中国也致力于传播中华民族五千年的文明，以向世界彰显中国的文化精神。通过大力发展制造业，并通过巧妙合理的设计，使产品承载着丰富的文化元素，则具有重要的现实意义。

一方面，应当大力发展制造业，制造业的强大实力是展现中国文化的物质支持与技术保障。为了实现制造强国的战略目标，国务院于2015年提出“中国制造2025”的行动纲领，要求在2025年迈入世界制造强国行列。“中国制造2025”包含一条主线、四大转变、五大工程、九项战略、十大领域，要求以绿色、创新、智能等作为制造业发展的核心，力图在现有制造业成绩与优势基础上，进一步发展制造业，并深化信息技术与制造产业的深度融合。可见，“中国制造2025”也对我国未来制造业的发展提出了构想。

另一方面，应当鼓励和促进制造业与中国文化的深度融合。我国制造业受成本等因素影响，竞争尤为激烈，而“制造业+文化”这种新型模式则能够赋予制造业文化属性，同时更有利于中国文化的对外传播。例如，在各种产品的外形、结构上增添文化创意的设计与灵感，或是在产品的材料与工艺等方面进行充满文化元素的设计等。

总之，制造业与文化的结合，不仅促进我国制造产业转型、创新、升级，还有效提升我国文化传播的广度与深度，使得我国博大精深的文化体系渗透到社会的方方面面，极大地提升中国文化的影响力。

## 二 发展中国文化制造产业

### （一）文化产业与文化产业“走出去”

“文化产业”一词最早出现于20世纪30年代出版的《机械复制时代的艺术品》一书中，后来为社会所沿用。文化产业指与文化相关的各种产业的统称，一般取其狭义，指文学艺术创作、音乐创作、摄影、舞蹈、工业设计、建筑设计产业等。

在20世纪，由于我国的经济发展水平较低，制造业也不够发达，我国的主要目标在于发展经济，在工业、农业等领域投入比重较大。在20世纪与21世纪之交，我国已经“迈上新台阶”，人们在物质条件逐渐满足的社会之中，对于文化的需求与日俱增，人们希望在获得物质满足的同时，也能够获得精神层面的满足。

于是，文化产业便开始发展起来。例如，《中共中央关于制定国民经济和社会发展第十个五年计划的建议》中出现了“文化产业”一词，2004 年 3 月颁布的《文化及相关产业统计分类》也对文化产业进行了较为细致的界定。

文化产业“走出去”，包括使我国的各种产品、资本、服务走向海外，如海外建厂、海外销售等，以促进中国文化的海外传播。“2001 年，我国把实施‘走出去’战略作为重要指导思想写入《十五计划纲要》，并于十六大报告中强调‘走出去’的重要战略意义。”[①] 经过 20 年的发展，我国文化产业“走出去”的脚步已经遍布世界的各个角落，无论哪一类文化产业，都在尝试这条“新路”的过程中取得了一定的收获，不仅有效促进了中国文化的传播，还对文化产业发展创新大有裨益。

**（二）继续深化文化产业发展改革**

为了加快发展文化产业，促进中国文化“传承”与“辐射”，应当深化改革，促进文化产业全面发展，并从如下方面入手。

第一，统筹协调发展。我国的文化产业取得了一定成绩，无论是在城市中还是在乡村中，各种文化共享的设施与平台层出不穷，对文化的传播起到了较大的促进作用。不过任何产业的发展都不是“单打独斗”的，都需要其他领域、其他部门有力配合。例如，“2014 年 3 月 19 日，由文化部、中宣部、中央编办、中央文明办、国家发展改革委、教育部、科技部、财政部、国家新闻出版广电总局等 20 家成员单位组成的国家公共文化服务体系建设协调组正式成立”[②]。协调组针对我国文化产业发展情况，以及文化产业的海外输出与传播现状，提出

① 刘丽英：《中国文化产业“走出去”战略研究》，吉林人民出版社 2020 年版，第 13 页。

② 季琼：《国际文化产业发展理论、政策与实践》，经济日报出版社 2016 年版，第 177 页。

了更加具体的发展方案和国内文化服务体系的建设标准。总之，统筹协调的发展模式应当成为文化产业发展的主流模式，只有这样，才能在更宽的领域内进行中国文化的传播。

第二，简政放权宽松管理。应当对各文化产业单位简政放权，适当赋予其进行产业发展与创新的权力。例如，“2013 年 4 月，国家新闻出版广电总局取消了全国出版物连锁经营单位设立、书号总量调控等 8 项审批事项，将音像、电子出版物复制单位设立审批等 2 项职责下放给省级新闻出版行政部门”①。此为简政放权的初步尝试。总之，要适当简政放权，积极探索新的管理运营模式。

第三，促进文化产业市场化运作。如今，文化与经济、科技各个领域的融合十分紧密，作为新兴产业，各种产品与服务已经成为国际贸易的重要组成部分，我国的文化产业市场化已经取得了一定的成绩。例如，“中国（深圳）国际文化产业博览交易会是中国唯一一个国家级、国际化、综合性的文化产业博览交易会，以博览和交易为核心，全力打造中国文化产品与项目交易平台，促进和拉动中国文化产业发展，积极推动中国文化产品走向世界”②。该平台受到业界广泛关注，交易额达上千亿元。

### （三）全力优化文化产业结构

产业结构是指决定产业发展质量与效率的重要环节，对于文化产业来讲，产业结构的合理化与创新化，关系文化产业的收益，更关系文化产业对于文化的传播力度。所以，要全力优化文化产业结构，协调产业各环节，将中国千年文化积淀充分融入产品之中。

1. 影视产业融入中国文化元素

在诸多文化产业中，影视产业是永远无法绕开的话题。无论在国

① 季琼：《国际文化产业发展理论、政策与实践》，经济日报出版社 2016 年版，第 177 页。

② 季琼：《国际文化产业发展理论、政策与实践》，经济日报出版社 2016 年版，第 178 页。

内还是国外，影视作品都具有极强的文化传播性。在国民经济持续快速增长的社会背景下，我国影视行业取得了不错的成绩，产业结构较为完善。近年来，我国涌现出大量优秀影视作品，作品或写意或写实，或注重人性描写，或注重场面塑造，在不同层面和不同领域极大地彰显和传播了中国文化。

《霸王别姬》上映于 1993 年，影片围绕两位京剧伶人的悲欢离合，展现了对传统文化、人的生存及人性的领悟。该影片包含大量传统文化的元素，如京剧文化、服饰文化等，在国外广受好评，对一些国家更是影响深远。

《玄奘大师》上映于 1999 年，影片以玄奘为主人公，较为真实地展现了玄奘西行的历史。该影片包含中国历史文化、佛学文化，生动展现了古代中国人为了理想而不畏艰险的顽强品格。近几年，《玄奘大师》在海外广为传播，2012 年影片走进保加利亚“网上电影周”，2017 年影片又在美国洛杉矶巡回播放，许多海外友人深受玄奘精神影响。

《河西走廊》纪录片上映于 2015 年，整部纪录片包含“使者”“通道”“驿站”“根脉”“造像”“丝路”“敦煌”“会盟”“苍生”“宝藏”十个部分。每一部分都有其特定的主线与内容，不过都围绕着河西走廊一带的历史和文化而展开。该影片述说了我国河西走廊地区的发展历史，包括其地理环境、重大战役、佛学文化、儒学文化、造像艺术、壁画艺术等，承载着极为丰富的中国文化。

总之，我国近年所涌现出的优秀影片不在少数，许多影片能够反映出比较深刻的中国文化的内容。今后的电影发展工作应当进一步做好中国文化元素与影片的融合。

2. 旅游产业融入中国文化元素

中国作为四大文明古国之一，具有历史悠久、光辉灿烂的文化，经过朝代更迭与时间演变，曾经在华夏大地上留下各种文物、遗迹均成为如今旅游产业重点发展的对象。例如，从夏商时期一直到清朝末年，多数朝代都有留存至今的各种文物与遗迹。

当代人们旅游除了注重风景之外，也重视人文，这也是未来旅游产业发展新的趋势。同时，随着中国在国际社会影响力不断增强，越来越多的国际友人前往中国旅游。据统计，2016 年中国入境旅游人数达 1. 38 亿人次，2018 年中国入境旅游人数达 1. 4 亿人次。所以，为旅游产业融入中国文化元素，既是对旅游产业的丰富与发展，更是对中国文化的保护、传承与传播。

（1）博物馆。应当做好博物馆的管理工作。博物馆是收藏、展示人类文化遗产的场所，其文物种类众多、分类清晰、介绍详细，为公众提供大量科普性知识，是旅游者了解当地文化的首选之地。又由于博物馆一般为非营利机构，免费对公众开放，所以无论是国内旅游还是国外旅游，博物馆都是人们最常去也最乐于前往的旅游目的地之一。

第一，应当招募并培养大量具有较高学术素养的博物馆工作者。博物馆中馆藏文物由于其年代已久，又包含古人的高超工艺，具有较高的价值，博物馆工作者必须要具备相当的保护文物的能力。同时，博物馆工作者要比较全面地了解馆藏文物文化底蕴，要有扎实的专业功底，以更好地开展博物馆的各项工作，如讲座、会议、展览等。如果工作者自身都没有文物相关的知识，那么自然无法使博物馆各项工作有序开展，也无法更好地保护文物。

第二，应当不断完善博物馆文物保护机制。包含中国文化的各种文物能否长期保存，能否在不损害其原貌的情况下展现在世人面前，则取决于文物的保护机制是否合理，是否科学。文物承载着民族的文化，而文化则承载着民族的灵魂，所以必须要重视文物保护工作。要在政策允许的范围内，适当进行调整和创新，加强博物馆管理机制，集思广益，实现保护与管理机制的科学化。

第三，应当努力拓宽馆藏文物展示渠道。目前，博物馆文物的展示主要是按照特定的顺序陈列于馆中，游客希望“一睹真容”，要前往博物馆，也可以在博物馆中聘请讲解员，以助于了解中国文化。但是这种方式也有其局限性，对于距离较远的游客，或是海外游客，则难以实现。所以，要拓宽文物展示渠道，给那些虽然身在异国他乡，但是具有了解中国文物强烈意愿的人以观看文物的机会。一方面，可以开展文物巡回展览活动，由专家学者与有关部门共同构成巡回团，带领部分文物在国内外进行展览；另一方面，可以进一步完善博物馆官网的"云参观"，虽然国内多家博物馆已经在官网开展"云参观"，但是内容有限，视角不全，还需要进一步进行完善，从而给异国他乡的友人更多全面了解中国文物的机会。

（2）历史遗迹。我国历史遗迹众多，无论是数量的多少还是年代的久远程度，我国历史遗迹都排在世界前列。单纯就古人类遗迹而言，我国就有距今 170 万年的云南元谋人遗址，距今 80 万年的陕西蓝田人遗址，距今 40 万年的北京人遗址等。而关于历代帝王宫廷陵墓，则更是数不胜数，有故宫、未央宫、大明宫、黄帝陵、秦始皇陵、成吉思汗陵、明十三陵等。所以，做好历史遗迹的保护与宣传工作尤为重要。

第一，应当进一步加强历史遗迹保护工作。要重视并加强工作人员的防火防灾教育，时常进行演习，提高人们预防和处理紧急问题的熟练程度，增强人们防火防灾的能力。要建立健全责任制度，根据不同历史遗迹的特点，制定应急预案与责任机制，把权责分配落到实处。要完善遗迹保护的各项设计，如消防蓄水池、灭火装置等。要严格景区管理，不允许携带任何违规违禁品进入景区。

第二，应当做好人文景区的文化宣传工作。要招聘专业素养过硬、专业知识完备的文化领域人才，在景区中，专业人才可以受聘为国内外游客讲解景区相关知识，包括景点的渊源、来历、发展，以及该地所发生的事件。例如，山东曲阜的孔庙为我国重点人文景区，包含大成殿、棂星门、圣时门、奎文阁、杏坛、碑林等主要建筑，相传其中的杏林为孔子曾经讲学之所，碑林中也存有历代碑刻上千块。该景区则聘请大量相关领域专业人才，他们日常会对景区进行管理与维护，当有人需要讲解时，他们则会为游客全面讲解与景区相关的知识。这不仅促进了当地旅游业的发展，更有利于中国传统儒家文化的宣传。

**（四）促进文化产品出口贸易**

如今经济全球化已成趋势，各个国家都处于与其他国家广泛开展经济交流的大环境之中。之所以会形成这样的局面，是因为人类社会生产力获得了极大提升，各种高新技术层出不穷，以及越来越多的国家大力发展市场经济。所以，在经济全球化的背景之下，我国应当顺应时代潮流，做好各项产品的出口贸易工作，以促进我国与世界接轨，不断提高我国的经济发展水平。当然，文化产品也是不容忽视的一环，文化产品承载着中国文化底蕴，促进其海外出口与传播，能够有效提升中国文化在海外的知名度，进而提高中国在海外的影响力。

第一，有关部门应当重视文化产品的生产与出口。20 世纪前中期，我国仍是以农业经济为主的国家，如今我国已经迈入制造业大国的行列。有关部门应当调整心态，转变立场，认清当今中国的新形势，把文化产品的生产与出口作为新时代经济发展的新方向。要支持文化产品的产出，如歌舞影像、绘画雕塑等。

第二，应当确保文化产品中所蕴含文化元素具有准确性。在制造任何文化产品时，企业都要做好产品质量的把控环节。文化产品相当于人类的“精神食粮”，具有极强的传播性。产品的文化内容要符合事实，假如国内某工厂希望生产一批折扇，厂家希望将中华传统文化中的“四君子”，即“梅”“兰”“竹”“菊”印于扇上，却意外将其他图案错印，如若通过出口贸易售卖于海外市场，不仅不利于中国文化的传播，反而会有损中国的形象。所以，文化产品中的文化元素一定要准确，要与中国文化的要求相符合。

## 三　鼓励制造中国文创产品

文创产品指依靠人的智慧、技能，借助各种现代化手段，将文化资源融入产品之中，为产品赋予更多的附加价值。“文化创意产品的显性价值与一般商品并无二致，其独特性在于体现‘文化’的隐性价值，是文化创意产品价值中的核心部分。”① 可见，文创产品与一般产品的最大区别就在于其文化性与创意性。而对于文创产品来讲，其文化内容的主要来源为民族经过多年发展而积累下来的精神财富。“‘文化’来源于特色的民族历史资源、人文底蕴和文化内容产业等，在文化创意产品的生产过程中，‘文化’可以间接影响新产品的附加价值，所以，文化创意产品的隐性价值也是企业的核心竞争力。”②

所以，文化元素对于激发产品的竞争力，以及形成广泛的影响力都十分重要。例如，我国辽宁省沈阳市的沈阳故宫旅游区售卖“文创冰糕”。冰糕的形状依照沈阳故宫和沈阳大帅府的外形进行设计，广受游客喜爱。无论是中国游客还是外国游客，都十分乐于购买。基于文创产品对于消费者的吸引力，以及其对于文化的承载力和传播力，鼓励开发文创产品，是拓宽中国文化海外传播渠道的重要途径。

### （一）文创产品的类别

“文化创意产品在构思、生产制造、营销消费等方面都有自身的特征和规律，并且各个国家和地区有着自身经济生活的发展和人们需求的变化。”③ 可以设想，文创产品具有不同的种类，在谈论文创产品的开发与推广之前，先要明确文创产品的类别，再根据其种类进行更加细致的研究。

---

① 杨静：《文创产品设计与开发》，吉林美术出版社 2019 年版，第 80 页。

② 杨静：《文创产品设计与开发》，吉林美术出版社 2019 年版，第 80 页。

③ 杨静：《文创产品设计与开发》，吉林美术出版社 2019 年版，第 81 页。

1. 文化类文创产品

文创产品全称为文化创意产品，所以必然具有“文化”“创意”双重特征，而文化类文创产品，指相比于创意，更加注重文化的体现，以及文化传播的产品类型，“即通过具体设计创意将内容类文化产品或直接将传统文化及当代文化移植到产品中”①。例如，绘有千里江山图的屏风，写有“仁”“义”“礼”“智”“信”的书签，等等。

2. 创意类文创产品

这类文创产品虽然也包含文化的元素，但是更加注重创意，以创新为主。例如，比较可爱的卡通京剧人偶，以三国人物为原型制成的象棋，等等。

3. 融合类文创产品

这类文创产品既具备文化元素，又具备一定的创新性，也是文创产品中最为优质的一种。其兼具实用性、文化性、创意性，为广大受众所喜爱。

**（二）文创产业跨界融合**

目前，文创产业已经成为新时代下促进我国经济发展的新契合点，而促进文创产业进一步发展，促进中国文化进一步传播，则需要找到合适的发展路径。在各学科、各领域距离不断被拉近的今天，进行产业跨界融合不失为一个“良方”。

1. 文创产业与互联网产业融合

“伴随着信息技术发展的日新月异，以互联网金融、移动商务为代表的一系列新兴电子商务模式不断激发着产业的活力与潜力，文化创意产业面临着互联网技术带来的巨大挑战与机遇。”② 一方面，由于互联网技术发展，人们能够更加快速获取各种信息，这使得文创产品

① 杨静：《文创产品设计与开发》，吉林美术出版社 2019 年版，第 81 页。

② 杨静：《文创产品设计与开发》，吉林美术出版社 2019 年版，第 147 页。

的创意发明变得更难；另一方面，互联网技术促进信息快速传播，有利于文创产业的整体升级。

第一，利用大数据技术进行广泛而深入的分析，寻找创意灵感与思维火花。我国具有上下五千年的发展历程，拥有无穷无尽的精神财富，在决定进行文创产品开发时，人们往往不知道从哪里入手，运用大数据技术无疑是一个正确的选择。大数据技术可以运用各种算法进行模型分析，对不同的文化进行梳理、归纳、总结，找到受众最广的产品。事实上，我国已经有许多文化产品在研发过程中广泛应用大数据技术。例如，电影产业中，我国所拍摄的《战狼2》《泰囧》等影片曾打败欧美大片，开创票房新高，在电影拍摄之前，乃至电影拍摄完成之后的宣传过程，都曾运用大数据技术，紧跟时代步伐，分析受众心理。在文创产品的开发上同样如此，要大量搜集各网站上用户浏览和点击的数据，并找到受众最感兴趣的地方。当然，这并不意味着文创产品要一味迎合消费者，如果丧失了基本的文化主体，那么很可能使创意变得毫无意义。所以，即便要运用大数据分析受众喜好，也要注重丰富和充足文创产品本身的文化性与实用性等。

第二，利用各种社交软件与社交网络以促进文化创意的产生。“大多数文化创意企业依赖于群体交流中的创意分享，而互联网所形成的庞大、多层次社交网络容纳着当前社会中数量最多、思维最活跃的年轻人群，是人与人交流活动形成和传播文化创意的最佳场所。”① 可见，网络社交是人们广泛交流的重要场所，语言和语言、思维与思维的碰撞最容易产生最为新奇的文化创意。

2. 文化产业与商业融合

在商业经济的发展历程中，文化作为重要组成部分丰富了商业品牌，促进了商业业态的创新，赋予了商业经济新的特色。同时，商业

① 杨静：《文创产品设计与开发》，吉林美术出版社2019年版，第149页。

经济的蓬勃发展，也给了文化艺术发展更多的机遇，为文化发展与传播提供了较为宽广的平台，并且运用经济手段，将创意思想转化为实体化的产品。可见，文化产业与商业二者具有明显的联系，二者互相促进、互相推动、互相影响。如果没有商业只有文化，产品无法顺利生产，更无法实现推广，如果只有商业没有文化，也会使产品的知名度、辨识度大打折扣，产品的文化底蕴不足，也会极大地影响产品在销售中的经济效益。

总之，“商业和文化的互动是一个良性循环的过程，在这个过程当中，文化作品在体现其商业价值时，需要保持其独立性和特殊性，不以商业价值最大化为终极目标，而是要审视文化作品内容对社会的影响”①。可见，商业与文化是一个辩证的统一体，二者必须紧密结合，才能够实现效益与文化传播的最大化。不过，也不应把经济效益作为唯一的追求，否则只会一味迎合市场，使产品沦为谄媚的媒介，反而不利于文化产品的推广，不利于文化产业的发展。

3. 文化产业与制造业融合

我国是制造业大国，从改革开放至今，经过几十年的风风雨雨，制造业水平早已步入世界前列，2010 年已经赶超美国，目前世界上的 500 多种工业品中，中国有 220 种居于世界第一。而文化产业与制造业相融合，以制造业为文化产业助力，有利于提升文化产品的品质，增加文化产品的产能。

文化产品的增值离不开加工制造业，文化产业是为人类社会提供文化产品服务与相关活动的产业，包含文化产品制作、销售等多种活动，而文化产品的制作无疑是最为重要的环节，是文化产品的根本。所以，文化产业的发展需要依赖于制造业，制造业能够为文化产业提供可靠的技术支持与物质保障。

---

① 杨静：《文创产品设计与开发》，吉林美术出版社 2019 年版，第 151 页。

第一，制造业为文化产业独特的创新创意提供生产力的支持。有时我国文化产业受制于成本上涨、劳动力缺少，其产能明显不足，虽然可能具有文化创意，但无法将其转化为产品，而制造业却能明显弥补这一不足。例如，某公司早已意识到产品文化属性的重要性，力图在陶瓷产品的生产中加入更多的文化元素，奈何生产受限。后来该公司探索出一条制造业与文化产业融合的路径，引领这一带形成了“文化+制造”的全新制造风气。据统计，该地区在近几年成立了上百家“文化+制造”的产业，实现文化与制造的完美融合，给产品增加了丰富的文化元素，也给制造业的继续发展提供了契机。

第二，工业园区为文化产业提供场地与影响力方面的支持。文化产业的发展离不开一定的场所与空间，而随着城市改造不断推进，位于闹市区的工厂被改造，它们与文化产业结合，摇身一变，成为体现城市文化产业的重要场所和重要载体。例如，北京的798艺术区、深圳的田面设计之都等。“而位于珠江边、琶洲会展中心旁的珠江啤酒厂也已成为以展示啤酒文化为主题，集工业、环保、旅游、文化、娱乐、休闲于一体的多功能城市人文景观。”①

**（三）文创产品创新思路**

目前，知识经济进入大发展时代，各个国家都在努力开发一条独具特色的经济发展之路。从前，国与国的竞争单纯体现在技术、价格层面，如今人们更为关注产品的社会性与文化性，文创产品则应运而生。文创产品并不是凭空产生的，也需要多环节的协调，企业既需要具备一定的生产能力，也需要把丰富的中国文化转化为商品，而这一切的前提则在于充分的创新性。只有具备了充足的创意，才能够促进文创产品进一步开发与创造。所以，大力发展文创产品，需要从源头入手，致力于提高产品的创新性。

① 杨静：《文创产品设计与开发》，吉林美术出版社2019年版，第157页。

第一，运用头脑风暴法。头脑风暴法为美国学者奥斯本所创造的思维方法，是指在主持人的领导下，多人共同组成一个团体，成员均为互补性人才，同时进行思索，以达到“群策群力”的状态。在文创产品方面，需要具备创意性人才、文化性人才等，由主持人给出题目，大家共同思索能够用于制造文创产品的物品。

第二，运用联想思维法。联想思维法包含接近联想、类似联想、对比联想等多种思维方式，是一种利用联想思维进行创造的方法。在文创产品方面，工作人员可以在学习和了解中国文化的前提下，通过各种文化载体进行联想，如文房四宝、茶具、工艺品等，以找到更具创新性，同时兼具文化底蕴的产品制造方向。

第三，运用“5W1H 法”。“5W1H 法”又名六何分析法，如图 7－1 所示。

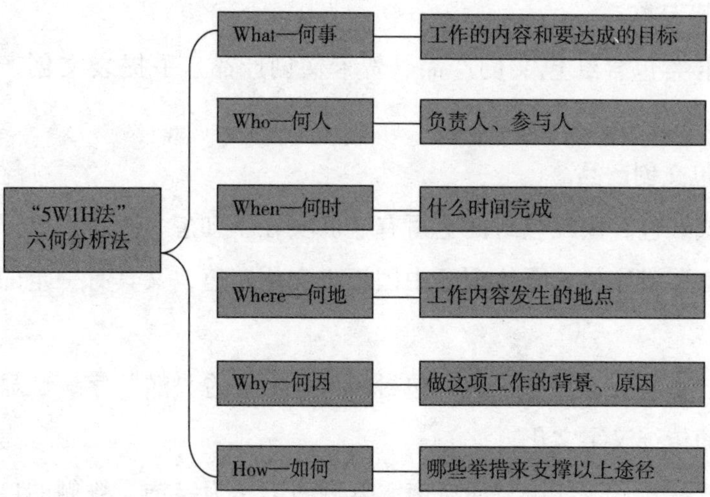


**图 7－1 “5W1H 法”**

该方法包含的“W”与“H”分别指“why”“what”“where”“who”“when”“how”。在进行文创产品的分析时，可以这样入手，分析为什么制造？制造什么？在哪里制造？谁来制造？怎样制造？这种设问法能够使得文创产品的创造过程更具条理性。

## 四　优秀文创产品案例简介

近些年，我国文创产品取得了重大发展，在各界人士的努力之下，我国衍生出了诸多成功的文创产品。下面对我国比较成功的文创产品进行介绍。

### （一）《上新了·故宫》系列文创产品

《上新了·故宫》是比较流行的文化创新类综艺节目，在每期节目中，嘉宾作为新品开发官跟随故宫专家进宫识宝，探寻故宫历史文化，并与顶尖跨界设计师联手高校设计专业的学生，每期诞生一个引领热潮的文化创意衍生品，打造“创新”与“故宫”相结合的制作模式。

1. 红包贺卡类

红包贺卡类包含红包文创产品、贺卡文创产品、手提袋文创产品等。

（1）红包文创产品。

①御批式红包。该红包封面上写有“朕实在不知怎么疼你”“万不可令人知道”等字样，既体现了中国历史文化底蕴，又具有一定的创新性。

②传统“囍”字式红包。该红包封面写有传统的“囍”字，凸显了博大精深的传统汉字文化。

③舞狮式红包。该红包封面有南派舞狮图案作为装饰，舞狮的口中垂下纸条，纸条上面用繁字体写有“歲歲平安”。

④祥瑞兽红包。该红包封面为仙鹤与仙鹿，在传统文化中，鹤与鹿均为祥瑞之兽，代表着吉祥。

另外，还有生肖红包。例如，虎年有卡通小老虎为封面的红包，牛年有卡通小牛为封面的红包，等等。

（2）贺卡文创产品。

①紫禁城祥瑞立体贺卡。该贺卡含有3D立体的紫禁城标志建筑，以及祥瑞之兽仙鹿，包含寓意与祝福，也凸显了中国建筑文化与祥瑞文化的内涵。

②名人书画平面贺卡。该贺卡具有多种不同的款式，为平面式，贺卡上有《仙鹤图》《千里江山图》《清明上河图》《百鸟朝凤图》等图案。

2. 陶瓷类

陶瓷类包含陶瓷杯文创产品、陶瓷香薰文创产品、陶瓷碗盘文创产品、陶瓷茶具文创产品等。

（1）陶瓷杯产品。

①文字类印花陶瓷杯。产品印有“朕甚以早为忧”字样，陶瓷杯胎质细腻轻薄，胎色似水，十分美观。

②图案类印花陶瓷杯（千里江山·酒杯套装）。产品印有各种古风图案，以《千里江山图》为主，每一套杯具包含一个大杯与六个小杯，分别印有《千里江山图》的不同部分，胎体轻薄、触感细腻。

③君子意·盖碗套装。产品包含一个盖碗与四个茶杯，每一个茶具上均绘有“梅兰竹菊”四君子，凸显了我国传统文化注重气节、注重品德、注重涵养的特点。

④五彩十二月·花卉纹杯。产品包含十二个小型茶杯，每一个茶杯分别绘有不同的“花神”。在我国传统文化体系中，具有十二花神，十二花神分别对应历史上的十二位人物，以凸显这些人物高洁傲岸的品格。茶杯一侧绘有花卉，另一侧写有赞美诗句，一花一诗一杯，尽显文化意蕴。

⑤榴开百子·金枝滤茶杯。茶杯晶莹剔透、色泽如玉，通体光泽细腻，绘有金枝玉叶与石榴图案。石榴在中国古代便时常纹于瓷器之上，代表百子多福，寓意吉祥。

（2）陶瓷香薰产品。

①千里江山 · 无火香薰扩香石。该产品以多个山峰形状的小摆件组成，每一个摆件以青色、绿色、白色为主色调，形状与《千里江山图》中的山峰极为神似，同时，包含丰富的香气，如柠檬香、薄荷香、茶叶香等，集美观性、实用性、文化性于一体。

②雪中春 · 香薰蜡烛灯。该产品外形圆润，设计灵感来自故宫博物院珍藏的珐琅开光鸟兽图海棠式手炉，通体莹润复古，上盖精镂冰梅纹饰，点燃之后，不仅具有取暖功效，还有香气环绕，恰似雪中春意。

（3）陶瓷碗盘产品。

①桂花浮玉 · 中式碗碟。古代劳动人民结合农历与节气，创造十二花神，并认为八月花神应当以月桂为主。于是设计者以八月花神为创意制作该碗盘，不同的碗盘有不同的图案，但是均以八月花神为主题，如玉兔、桂花等。

②海晏河清攒盘果盘。盘内绘有中国风格山水图案，金色渐变花纹充满光泽，为人工手绘与描金工艺相结合的佳品。该果盘包含五个部分，可以合并，也可以拆开使用。

3. 饰品类

（1）耳饰产品。

①海错图 · 耳饰。该饰品是以《海错图》为灵感创作而成的耳饰产品。《海错图》为清代著名画家聂璜所作，描绘了 371 种海洋生物。该饰品选取《海错图》中的部分海洋生物进行设计，有海星耳饰、海马耳饰、水母耳饰等，造型独特，颇具艺术之美。

②连珠耳挂 · 耳饰。该饰品以满族女性所使用的耳饰为灵感创作而成。满族女性讲究“一耳三钳”，也就是说每个耳朵都要打至少三个耳洞，在正式场合每个耳朵都要佩戴三个耳环。该饰品无须打耳洞，只是造型仿“一耳三钳”。

（2）胸针产品。

①花间燕语·胸针。古时，燕子被称为玄鸟，象征着祥瑞。古人常以“燕”为诗，以“燕”作画，包含美好的寓意。该饰品取图画燕子形态，再处以立体效果，珐琅填蓝绿两色，十分生动可爱。

②孔雀羽·胸针。该饰品根据故宫博物院藏品孔雀羽折扇衍生而来，此扇取孔雀羽制作扇面材料，每根孔雀羽与一根扇股相接，展开时犹如孔雀开屏，舒卷自如，颇具新意。

③花鸟羽·胸针。该饰品灵感来自故宫博物院藏品青花缠枝花卉纹梅瓶，该文物为明宣德年间所制，瓶身绘有牡丹、菊花、茶花等图案。该饰品以此文物花卉图案为灵感，造型好似花卉盛开，典雅多姿、清新自然。

**（二）中国国家博物馆系列文创产品**

中国国家博物馆（以下简称“国博”）是代表国家收藏、研究、展示、阐释能够充分反映中华优秀传统文化、革命文化和社会主义先进文化代表性物证的最高机构，是国家最高历史文化艺术殿堂和文化客厅。多年来，国博秉承中华民族优良传统，做好文物的保护与展览工作，给人们提供了优质的观赏文物、了解历史的场所与空间。目前，国博现有藏品数量140万余件，涵盖古代文物、近现代文物、图书古籍善本、艺术品等多种门类。

近几年，为了在更多的方向传播传统文化，有效拓宽传统文化传播的渠道，国博与其他平台合作，开发了国博特色文创产品。一方面，国博文创进一步提升了国博的知名度，帮助国博讲好中国故事；另一方面，国博文创极大地促进传统文化的元素融入各种物质性的产品中，助力传统文化的宣传与传播。

1. 长乐未央系列

（1）长乐未央红手绳。该手绳灵感取自汉长乐未央瓦当，手绳上有瓦当形状装饰，上有“长乐未央”四字，字体为传统书法篆书，手绳通体红色，代表吉祥如意，彰显中国传统文化内涵与东方美学品位。

（2）长乐未央保温杯。该保温杯灵感取自汉长乐未央瓦当，商乳丁纹青铜方鼎，以及宋朝天文图碑拓片，保温杯上印有瓦当、青铜方鼎上的兽面纹，以及天文碑拓片的星空图案。

2. 海晏河清系列

（1）海晏河清香囊。自古以来，香囊就承载着中国人的礼与情，也祈愿着安康，赏香也成了一件十分浪漫的风韵雅事。该香囊唤醒最初始的气韵，让现代生活中多一份古人的风雅，于是便有了这一枚精致的海晏河清香囊。不同于常见的布袋香包，它由唐朝金银香球演变而来，古代金属香囊的形式，以精炼黄铜打造，以玛瑙翡翠搭配点缀，手工制作而成。挂件整体精巧华丽，灵动有趣。

（2）杏林春燕手工团扇胸针。该产品取海晏河清尊的典雅气韵，蕴含四海承平的美好寓意。霁蓝如清平碧水，巧燕正灵动展翅，配以似锦纹饰，尽显雅致。双燕于枝头相望，杏花鲜艳盛放，与翠竹相映成趣，别有意韵。“杏林春燕”寓意科举顺利、及第有望，既是生动春景，又是祥瑞祝愿。

（3）海晏河清首饰。该产品包含项链、耳坠、耳钉、手链等，取海晏河清尊的典雅气韵，以现代视角赋全新生机。

3. 元宵行乐图系列

（1）元宵行乐图拍拍灯。外观设计古朴大方而富有创新性，既是现代科技的体现，也是历史文化的浸润。灯体人物图案选自《明宪宗元宵行乐图》，元宵行乐图中人物形态取绘留影在灯体之上，恰与皮影戏的画面感有异曲同工之妙，意趣无穷。生动活泼的肢体动作，灵动古早的人物场景，感受历史生活的烟火气，一拍即现昔日风华。

（2）平安喜乐香薰烛台。香薰烛台取绘自中国明代的《明宪宗元宵行乐图》，将百年前的古典场景以现代手法再现，回味热闹喜庆的元宵佳节氛围。造型设计汲取走马灯概念，马、兔四只悬坠形象姿态取绘自《明宪宗元宵行乐图》，根据热力学原理，点燃烛光，待温度升高即可缓缓转动。

4. 溪山雨意系列

（1）溪山雨意书灯。写意群山，明净秀雅。匠心取绘《溪山雨意图》，打造成为一款美观、实用、趣味相结合的艺术折叠书灯。寄情山水，抒胸中逸趣之理想审美境界。

字字珠玑，雅致摆件。营造古代风雅的格调，文字规则秀美排列，增加时尚度与欣赏性。颇具古典风格的造型设计，可以充当室内家居摆件。

（2）溪山晓月玻璃杯。一款独具文化韵味的水晶玻璃杯，为人们重绘《溪山雨意图》的层峦叠嶂，影影绰绰的美感无时无刻不吸引着人们。让人想象月光下的群山美景，缱绻的夜色如梦画中，微光笼罩清梦照进现实。

“溪山晓月”四字以贴金形式展现，一轮金色满月与其呼应。杯底凸起如群山，杯中水如溪，溪山晓月正如杯中美景。

5. 大观园系列

（1）大观园纸雕灯。该灯将 7 层高透光纸片精巧叠加，尽显层叠交错之美。柔和灯光邂逅高透光雕刻纸片，组成一幅朦胧、温馨、浪漫的画面。细致还原文物故事场景，画面形象呼之欲出。透过画面，大观园的富丽堂皇和精致精巧扑面而来。细细观看，仿佛可以听见流水潺潺、微风绵绵，宝玉和黛玉细语轻快、娴静自得。

（2）大观园镭雕镂空卡片。高度还原《大观园图》中细腻的笔触，纯熟的工艺，立体镂空的艺术视觉效果，用光对着卡片直射，则背景墙上将显现出具有装饰效果的图案。

## 第三节　新媒体助推中国文化“走出去”

国际竞争越来越激烈的今天，如何抢占“文化高地”成为一个重要的问题。对于我国而言，如何让上下五千年的中华民族传统文化走出国门，以最为优异的姿态走向世界，显得更为重要。

### 一　新媒体助力海外文化传播的必要性

中华民族历史悠久，具有极为深厚的文化实力，无论是古代人民在生活实践中积累的技术与知识，还是不断发掘的传统国人所传承的伟大精神，都是新时代年轻人需要学习的重要精神财富。这些精神财富对于个人、对于社会乃至整个国家与国家的世界影响力都具有重要意义。传承精神财富不仅有利于促进我国经济与文化的双重发展，还有利于提高我国在世界范围内的影响力与竞争力。

目前，我国各种文化的海外传播已经取得了不小的成绩，我国所传出的文化包含社会生活的方方面面。在海外，无论是政治经济，还是娱乐休闲，无论是科技体育，还是商业文化，都可以看到中国文化的影子。“2019 年爆发的新冠疫情也让世界看到了中国政治的优势，中国对抗疫情的雷厉风行；在娱乐方面，我国小到自媒体、短视频、联网游戏，大到电影电视综艺娱乐，已经逐步在追赶他国的文化影响力，有些方面借助科技的力量已经反超他国。”①

另外，我国在海外开办的孔子学院的数量也是越来越多，“截至目前，全球已经有 162 个国家（地区）设立了 541 所孔子学院和 1170

① 胡珠艳、刘静等：《新媒体时代中国优秀传统文化对外传播现状与创新对策研究》，《文化创新比较研究》2021 年第 27 期。

个孔子课堂”[①]。可见，我国文化的海外传播已经不可同日而语，这为巩固我国的国际地位提供了强有力的支持。

在党和国家的正确号召下，我国相关部门也更加重视中国文化的海外传播情况。习近平总书记指出：“文化因交流而多彩，文明因互鉴而丰富。”这突出说明了文化海外传播和交流的重要性。近年来，我国实施传统文化海外传播的途径主要可以归纳为三种。

第一种为官方模式，指政府主导，在海外进行文化传播活动。

第二种为半官方模式，指政府加以支持，民间组织加以配合的传播活动。

第三种为民间模式，指非政府参加，完全由学校、组织自行举办的活动。

如今，社会已经进入新媒体时代，新媒体具有传统媒体不具备的优势，是继传统媒体技术之后，新发展出来的一种新型传播途径。“新媒体利用数字技术，网络技术，移动技术，通过互联网，无线通信网，有线网络等渠道以及电脑、手机、数字电视机等终端，向用户提供信息和娱乐的传播。”[②]新媒体的优势包括高效性、瞬时性、广博性、交互性等。反观传统的传播渠道，却有着明显的局限性，如传播主体单一，受众较少等。可以说，新媒体的出现改变了这一局面，促进文化以新的方式、新的途径进入大众的视野。所以，应当广泛运用新媒体技术，更好地助力传统文化的海外传播活动。

## 二　支持新兴文化传媒，丰富文化传播方式

目前，新媒体的传播方式主要包括各种音频、视频、数字电视、数字广播、手机软件等。（人们比较常用的手机软件包括微信、QQ、

① 胡珠艳、刘静等：《新媒体时代中国优秀传统文化对外传播现状与创新对策研究》，《文化创新比较研究》2021 年第 27 期。

② 周燕萍：《新媒体时代中国文化“走出去”策略研究》，《文化产业》2020 年第 36 期。

抖音、小红书、FaceBook、Line、Instagram、Twitter 等）

约瑟夫·奈曾对“大众传媒”给予较高的关注，在常规的定义中，以上软件均为自媒体，而自媒体属于大众传媒，可见，自媒体在这一时代扮演着比较重要的角色，有关部门应当给予相应支持。

近几年，我国涌现出一批又一批优秀的自媒体人，最具代表性的莫过于李子柒（前文已提及，此处仅简述），李子柒于 YouTube 上传自己所拍摄的视频，视频中充满中国风元素，恬静优美的村庄，幽静的庭院，可爱的小动物，古香古色的器具，充满古韵的服饰，当然，还有具有中国特色的各种菜肴。李子柒的视频中并未出现“中国文化好”“中国文明历史悠久”等字眼，她只是以一种十分写实的方式展现中国乡村田野生活的图景，却在不经意间，以一种“润物细无声”的方式体现和传播中国文化。

也因此，李子柒受到新闻媒体的一致好评，并认为她“讲好中国故事”。在将来的文化传播中，有关部门应当大力支持新兴文化传媒，给自媒体更加适宜的“土壤”与“养分”。

## 三 培养新兴媒体人才，传播高质量文化内容

伴随着时代的快速发展，生产水平与科技水平取得质的飞跃，10 年前智能手机还是人们眼中的“稀罕物”，如今智能手机已经成为“生活必需品”。前些年，手机上网速度极慢，人们运用手机所能查阅到的信息也只是众多资源中的“冰山一角”，如今手机堪比一台移动计算机，无论是获取信息的速度，还是信息的涵盖量都大幅提升。

各种手机软件层出不穷，各种新型手机更新换代，人们具备了充足的物质条件进行媒体传播。但是网络上充斥着各种虚假信息，并不是所有的媒体使用者都具备传播中国文化的素养。

当代社会，任何人都能够运用手机发布消息，很可能会在瞬时之间获得极高的关注度与点击量，然而消息是否有价值？是否“正能

量"? 这些成为重要的问题。

所以，有关部门应当培养媒体人才，促进他们形成正确的价值观，在进行文化传播时，他们也能够做到求真求实。要"制定相应的跨文化交际能力培养方案。在知识结构层面，加强对中外文化差异的了解，特别是从各种维度对文化传播受众群体的文化特征的了解。在跨文化交际思维层面，要放眼国际，立足本土。必须摒除西方文化优越论调，提升本族文化认同感"①。

## 四 大力优化传播内容，以传统文化精华为主

凡事具备两面性，中国传统文化同样如此，中国文化内容丰富、包罗万象，是古人智慧的结晶。可由于其产生于几千年之前，其中的某些内容难免会与当代社会不相适应。

人们必须更加清楚地认识传统文化，传统文化中既有精华，又有糟粕，要做到去粗取精、去伪存真，有选择地继承，有选择地学习，有选择地传播。"从中国传统文化中，选择精华部分，创作出优秀的作品，对外传播，这样方可展现中国优秀传统文化的真正魅力。"②

例如，中国有悠久的美学文化、绘画文化，历史上的著名画师数不胜数，包括吴道子、阎立本、展子虔、李思训、李昭道等人，他们都曾对我国的绘画艺术发展作出巨大的贡献，他们的画作则可作为文化传播的内容。

又如，中国虽为礼仪之邦，但是同时也被称为礼乐之邦，这说明我国的音乐文化也是十分卓著的。我国音乐文化产生于原始社会末期，先秦则进入大发展时期，历经千年，我国涌现出无数的音乐人才，包括伯牙、师旷、李延年、嵇康、李龟年、姜夔等。他们的音乐作

① 周燕萍:《新媒体时代中国文化"走出去"策略研究》,《文化产业》2020 年第 36 期。

② 胡珠艳、刘静等:《新媒体时代中国优秀传统文化对外传播现状与创新对策研究》,《文化创新比较研究》2021 年第 27 期。

品为后人所熟知，成为音乐界宝贵的财富，也是文化海外传播的重要内容。

人们既要运用新媒体技术大力传播传统文化，又要注重分辨文化的精华与糟粕，要着力提高文化输出的质量。

# 参考文献

## 一　专著

博特乐图:《蒙古族传统音乐的保护与传承研究》，中国社会科学出版社 2021 年版。

蔡贵彬、沈振荣:《书法赏析》，中国中医药出版社 2017 年版。

陈来:《现代儒学：第 8 辑　先秦儒学与易学》，商务印书馆 2021 年版。

陈先达:《文化自信：做理想信念坚定的中国人》，吉林人民出版社 2017 年版。

福建美术出版社:《文化自信主题墙报板报》，福建美术出版社 2019 年版。

高玉:《现代汉语与中国现代文学》，上海交通大学出版社 2021 年版。

耿超、徐目坤:《文化自信》，广西师范大学出版社 2019 年版。

赫灵华:《中国古典文学新解》，吉林人民出版社 2021 年版。

黄力、姚选民：《雷锋精神与中华优秀传统文化传承：文化自信的当代理论建构》，九州出版社 2017 年版。

黄秋生、陈元等:《当代大学生文化自信现状及培养研究》，团结出版社 2017 年版。

贾文健、金利民：《中外携手助力人文交流：纪念北京外国语大学孔子学院建设十五周年论文集》，外语教学与研究出版社 2021 年版。

矫雅楠：《作为媒介的孔子学院：媒介环境学的视角》，山东大学出版社 2021 年版。

李程骅：《文化自信》，江苏人民出版社 2018 年版。

李海英、［韩］金在涌：《韩国近现代文学与中国：东亚》，上海交通大学出版社 2021 年版。

李建华：《文化自信与中国伦理》，湖南师范大学出版社 2018 年版。

李仙娥、王琪玖：《关中秦人文化性格与文化自信》，陕西人民出版社 2019 年版。

刘宝莅、张华等：《文化自觉与文化自信》，山东人民出版社 2012 年版。

刘建琼、罗慧：《基于文化自信的区域教育史志研究》，湖南教育出版社 2018 年版。

陆通：《中华优秀传统文化与文化自信》，吉林出版集团股份有限公司 2018 年版。

马希刚：《中国传统音乐概论》，中国社会科学出版社 2021 年版。

任平：《书法的故事》，浙江文艺出版社 2019 年版。

上海市中国特色社会主义理论体系研究中心：《文化自信：创造引领潮流的时代精神》，上海人民出版社 2017 年版。

佟讯：《中国传统艺术海外传播策略研究：以孔子学院为例》，中国文联出版社 2021 年版。

王中江、李存山：《中国儒学：第 16 辑》，中国社会科学出版社 2021 年版。

韦国忠、韦伟松：《欠发达地区职业教育文化自信研究》，北京理工大学出版社 2020 年版。

《文化自信背景下我国图书馆的公共教育服务探索》，内蒙古科学技术出版社 2020 年版。

辛红娟、刘园晨等：《文本内外》，浙江大学出版社 2021 年版。

徐文佳：《书法人生》，宁夏阳光出版社有限公司 2019 年版。

徐晔：《文化自信与中华文明的核心价值》，西北大学出版社 2019 年版。

伊文琦：《中国书法之哲学》，华文出版社 2019 年版。

《优秀传统音乐文化的传承与发展研究》，吉林文史出版社 2021 年版。

曾仕强：《中华文化自信》，中央编译出版社 2016 年版。

张妮：《文化名家谈文化自信》，人民日报出版社 2020 年版。

张绍元：《文化自信：中华优秀传统文化核心思想理念读本》，中国言实出版社 2018 年版。

张一玮：《从名著到电影：中国现代文学经典作品的当代电影改编版研究》，中国广播影视出版社 2021 年版。

中共浙江省委党校、浙江行政学院：《文化自信与浙江实践》，浙江人民出版社 2017 年版。

邹广文：《当代中国文化自信研究论纲》，中国青年出版社 2020 年版。

## 二　期刊

安娜：《基于文化自信的高校图书馆阅读推广研究》，《传媒论坛》2022 年第 5 卷第 2 期。

陈敏：《多模态认知话语分析视角下中国茶文化的跨文化传播——以李子柒茶文化视频为例》，《茶叶通讯》2021 年第 48 卷第 4 期。

陈珮瑶：《"一带一路"建设下的中国茶文化历史价值新研究》，《文物鉴定与鉴赏》2021 年第 20 期。

陈萍、郭威：《以中国茶文化坚定中华优秀文化自信的三重价值意蕴和实践路径》，《茶叶通讯》2021 年第 48 卷第 4 期。

陈婷婷：《文化自信视域下高等教育国际化发展路径探析》，《中外企业文化》2022 年第 1 期。

陈彦桥：《毛泽东文化自信思想及其时代价值研究》，《洛阳理工学院学报》（社会科学版）2021 年第 36 卷第 6 期。

陈喆:《中国茶文化中蕴含的哲学思想研究》,《福建茶叶》2021 年第 43 卷第 12 期。

戴圣鹏:《论文化自信的基础与条件》,《学术界》2022 年第 1 期。

樊高萌:《网络圈群化背景下大学生文化自信培育的路径》,《林区教学》2022 年第 3 期。

冯贝:《马克思主义中国化进程中推进文化自信的路径探析》,《大学》2022 年第 3 期。

冯雅如、王建辉:《“互联网 +”时代社交平台对文化自信培养的影响探究》,《中国新通信》2021 年第 23 卷第 24 期。

符婕:《日本茶道跨文化传播中值得中国茶文化借鉴的做法》,《中国民族博览》2021 年第 22 期。

付星浩、薛俊生:《中国共产党成功密码之文化自觉和文化自信》,《现代交际》2022 年第 3 期。

高金花:《坚定文化自信　弘扬民族精神》,《产业与科技论坛》2022 年第 21 卷第 3 期。

胡海晓、王艳贞:《基于乡愁文化的中国特色社会主义文化自信探究》,《产业与科技论坛》2022 年第 21 卷第 3 期。

黄月琴:《用中医药文化培育大学生文化自信的路径探究》,《文化创新比较研究》2022 年第 6 卷第 1 期。

康卉:《文化自信维度下大学生思想政治教育实践思考》,《淮南职业技术学院学报》2021 年第 21 卷第 6 期。

冷益虎:《中国茶文化在茶叶包装设计中的应用》,《福建茶叶》2022 年第 44 卷第 2 期。

李迪:《文化自信引领大学生思想政治教育的路径选择》,《山西经济管理干部学院学报》2021 年第 29 卷第 4 期。

李建萍:《中国茶文化中的“顺天应时”思想》,《古今农业》2021 年第 4 期。

李怡姗：《当代大学生文化自信的价值意义及培养路径》，《公关世界》2022 年第 2 期。

刘宁、朱晓：《高校思政课对大学生文化自信的培育研究》，《淮南职业技术学院学报》2022 年第 22 卷第 1 期。

刘倩：《中国茶文化对现代高职院校教育管理提升的作用探讨》，《福建茶叶》2021 年第 43 卷第 10 期。

刘茹：《〈中国茶文化〉公选课的德育教学设计和实施》，《福建茶叶》2022 年第 44 卷第 1 期。

齐石：《分析中国茶文化英文翻译过程中技巧的运用》，《福建茶叶》2021 年第 43 卷第 9 期。

师妮：《文化自信视域下中国茶文化外宣翻译模式研究》，《福建茶叶》2021 年第 43 卷第 10 期。

孙秀莉：《探析中国茶文化在英语语言文学翻译中的体现》，《福建茶叶》2021 年第 43 卷第 11 期。

万英、徐万均：《文化自信对于社会主义核心价值观的动力研究——基于国家层面的视角》，《边疆经济与文化》2022 年第 3 期。

汪晓琴、陈爱梅：《新时代大学生文化自信培育探析》，《佳木斯职业学院学报》2022 年第 38 卷第 1 期。

王天民、张娇阳：《刍论在百年未有之大变局中坚定文化自信》，《理论导刊》2022 年第 1 期。

王颖：《互联网视域下高校文化自信建设的探索与实践》，《文化产业》2022 年第 2 期。

夏建中：《跨文化交际视角下在对外汉语课堂中融入茶文化》，《福建茶叶》2022 年第 44 卷第 1 期。

谢书敏：《5W 模式下韩国茶文化传播对中国茶文化的启示》，《福建茶叶》2022 年第 44 卷第 1 期。

熊一蓉、许慕竹：《对外汉语教学中中国茶文化的传播探究》，《福建茶叶》2021 年第 43 卷第 9 期。
闫俊屹:《浅析“一带一路”背景下中国茶文化在德国的传播》,《福建茶叶》2021 年第 43 卷第 10 期。
闫然:《文化自信融入思政课堂教学方式的创新探究》,《品位·经典》2022 年第 1 期。
晏燕:《基于民族地区高校文化自信教育的思考》,《产业与科技论坛》2022 年第 21 卷第 4 期。
杨丹、董甘泊、张广浩:《“戏曲进校园”对涵养大学生文化自信的策略启发》,《泰州职业技术学院学报》2022 年第 22 卷第 1 期。
由民:《开拓中国茶文化教学新境界——〈中华茶文化概论〉简评》,《农业考古》2021 年第 5 期。
于雨琴、闫昱:《文化自信视域下中国音乐史课程实践探究》,《戏剧之家》2022 年第 8 期。
俞晖:《〈农业考古〉创刊 40 周年暨〈农业考古·中国茶文化专号〉创刊 30 周年刊庆纪实(一)》,《农业考古》2021 年第 6 期。
张斌:《乡村振兴战略背景下文化自信的提升路径》,《智慧农业导刊》2022 年第 2 卷第 2 期。
张莉:《“一带一路”视野下大学生文化自信培育路径研究》,《国家通用语言文字教学与研究》2022 年第 1 期。
张晓艳:《新时代大学生文化自信培育的价值意蕴及现实路径——评〈文化觉醒与文化自信:大学生文化自信培育〉》,《中国教育学刊》2022 年第 1 期。
张媛媛:《中国特色社会主义文化自信内涵与践行——评〈论文化自信〉》,《科技管理研究》2021 年第 41 卷第 24 期。
赵旭:《新时期高校教师坚定文化自信的时代意义和培养路径》,《黑龙江档案》2021 年第 6 期。
周宇:《关于在乡村振兴进程中坚定文化自信的思考》,《商业文化》

2022 年第 3 期。

朱子含：《新时代坚定文化自信的三维探讨》，《经济研究导刊》2022 年第 5 期。

诸琦睿：《新媒体时代坚定大学生文化自信的三重逻辑》，《教育理论与实践》2021 年第 41 卷第 36 期。